AF613572

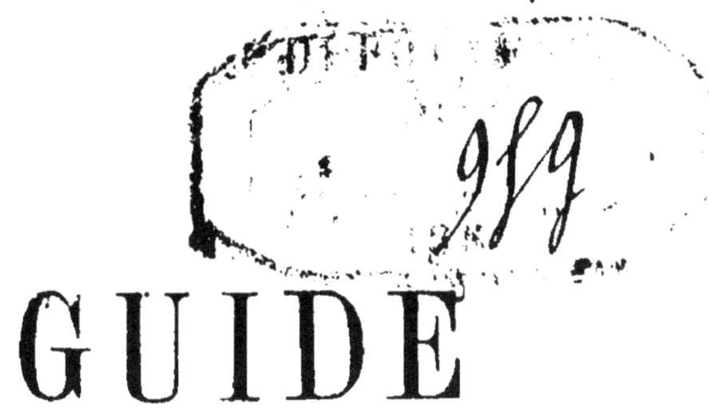

GUIDE

DE

L'OUVRIER

POUR LA

FILATURE

DU LIN & DE L'ÉTOUPE

(Traduit de l'Anglais).

LILLE

Mme BAYART, IMPRIMEUR-LIBRAIRE,
Place de la Mairie, 11.

—

1861.

Ce n'est plus par la conquête que l'on fonde
les sociétés :
C'est par le travail, par l'union des intérêts
et des idées.

MARSAULT.

AUX CONTRE-MAÎTRES

ET AUX OUVRIERS DE L'INDUSTRIE LINIÈRE,

Il est un fait qui n'est malheureusement que trop réel et qui, dans les circonstances actuelles surtout, deviendra de plus en plus palpable pour tout le monde : c'est que l'industrie linière en France n'a pas atteint la perfection qu'elle possède chez nos voisins d'Outre-Manche ; car, non seulement l'industrie anglaise possède quelques avantages naturels incontestables, mais la principale cause de sa supériorité consiste dans l'application au travail, l'esprit d'émulation, le désir d'apprendre. Ses ouvriers ont en général ce que j'appellerais volontiers *l'amour du métier*.

IV.

J'en appelle à ceux qui, comme moi, connaissent les populeux établissements industriels de Manchester, Belfast, Leeds, Dundée, Glasgow, etc., qui les ont visités à diverses reprises, et les ont étudiés d'assez près et assez longtemps pour faire un parallèle sérieux entre la France et l'Angleterre.

J'ai vu, maintes fois, l'ouvrier anglais dans son intérieur, le soir, après son travail, s'appliquant au calcul, étudiant sur des dessins le mécanisme compliqué de la machine qu'il dirige, cherchant à comprendre dans cet ensemble merveilleux les fonctions du moindre rouage, du moindre levier, et quand à force de patience et d'efforts, il était parvenu à comprendre la pensée qui avait présidé à la construction de ce chef-d'œuvre de l'intelligence, il passait de la théorie à la pratique, et cherchait le lendemain, dans son atelier, à obtenir de cette machine les produits les plus beaux, les plus nombreux ; la soignait, la surveillait, commentait tout, et, à force d'observations, bien souvent la perfectionnait, en un mot faisait des intérêts de son patron, les siens propres. Eh ! ne sont-ils pas partout étroitement solidaires les uns des autres ?

Ce n'est pas tout, cet ouvrier consciencieux ne

se contentait pas de s'instruire lui-même, il était encore le précepteur de ses enfants, il les réunissait autour de lui, et l'ardoise à la main, leur expliquait la construction des métiers, la destination, le but de chacune des parties qui les composent, la manière de changer leurs mouvements. Ces principes se gravent dans ces jeunes têtes, s'y développent avec l'âge, et produisent plus tard les meilleurs résultats, en dotant la société d'ouvriers instruits, attentifs et dévoués. Je le répète, c'est en grande partie à la supériorité de l'ouvrier anglais qu'est due la prééminence de l'industrie linière de ce pays sur la nôtre.

Est-ce à dire, pour cela, que la classe ouvrière soit là-bas plus intelligente qu'en France? Non, l'ouvrier français possède des qualités, il a l'entendement facile, l'esprit vif et pénétrant, il aime le travail, est esclave de son devoir ; mais je serai franc : ces belles qualités ne sont pas, hélas! toujours guidées par l'instruction. L'ouvrier français ne s'applique pas assez à l'étude de sa profession ; il préfère trop souvent le plaisir à quelques heures d'isolement et de méditation ; il ne comprend pas assez, surtout, qu'il ne suffit pas de travailler un nombre d'heures déterminées par jour, mais qu'il est indispensable dans son intérêt d'abord, dans un intérêt général ensuite, que ce travail soit dirigé vers un but constant et invariable : celui d'améliorer, de perfectionner les produits.

Oui, notre industrie est inférieure à celle des anglais ; mais elle cessera de l'être, du jour où vous aurez compris votre position et les moyens à employer pour en sortir.

Ces moyens, je viens vous les indiquer : c'est la connaissance parfaite de tout ce qui se rattache à votre état, l'ardent désir de produire mieux, et le dévouement aux intérêts de vos patrons, intérêts qui sont les vôtres.

J'ai voulu vous aider à arriver plus vite à ce but, en faisant paraître cette traduction d'un livre que j'ai toujours trouvé entre les mains des ouvriers anglais, et à l'étude duquel je n'hésite pas à attribuer en grande partie leur supériorité. Etudiez, dans vos instants de loisir, ce petit ouvrage qui contient des indications excellentes et qui vous sera un guide sûr : consultez-le, car, il ne faut pas vous le dissimuler, le progrès ne s'obtient pas sans labeur ; ce n'est pas du jour au lendemain que vous parviendrez à changer votre situation et celle de notre industrie, ce n'est que par une longue suite de constants efforts et une volonté ferme que vous y arriverez. Du reste, sachez-le bien : les circonstances sont telles, qu'une amélioration dans notre travail est devenue non seulement une chose désirable, mais de la plus absolue nécessité, il faut que nous produisions mieux et à meilleur marché, si nous voulons pouvoir soutenir la concurrence des fabricants étrangers. C'est pour notre industrie une question de vie ou de mort.

D'un autre côté, ne perdez pas de vue, et ceci est d'une grande importance pour vous, qu'il n'est pas de position si infime qui ne puisse devenir brillante; avec la conduite, la persévérance et l'amour du travail, l'on peut prétendre à tout, l'histoire est là pour le démontrer, les exemples ne manquent pas sous vos yeux. Voyez autour de vous et, sans sortir de notre laborieuse cité, vous nommerez bientôt des centaines d'industriels à tous les degrés, et parmi eux des plus justement honorés aujourd'hui, qui, il y a quelque vingt ans à peine, faisaient partie comme ouvriers de vos laborieuses phalanges.

Cette réussite, la haute position que plusieurs d'entre eux ont acquise, ils la doivent uniquement à leur esprit d'observation et à *l'amour du métier*, joints à l'ordre et à l'économie.

Suivez donc mes conseils, rendez votre travail plus intelligent, et en même temps unissez-vous, groupez-vous avec confiance autour de ceux qui vous dirigent. Déployez dans les luttes de l'industrie qui chaque jour deviennent plus sérieuses, cette énergie, ce courage que vos camarades de l'armée, que vous-mêmes, savez si bien montrer sur les champs de bataille, et je promets qu'avant peu d'années nos phalanges industrielles seront les dignes sœurs de nos légions de guerre. Ce qui fait l'incomparable force de nos armées, ce n'est pas seulement l'habileté du commandement, ce sont aussi les connaissances que chaque soldat a puisées dans l'étude de sa *théorie* et ses exercices réitérés ; qu'il en soit de même dans nos armées de travailleurs : l'intelligence de la direction ne manque pas ; à vous de compléter vos connaissances par l'étude de votre *théorie industrielle*, et c'est à ce titre que nous plaçons dans vos mains, comme un instrument de progrès, de bien-être et d'avenir, ce petit livre dont nous avons entrepris avec amour la traduction, en souvenir de tout le temps pendant lequel nous avons vécu avec vous.

Auguste SCRIVE.

GUIDE DE L'OUVRIER

POUR LA

FILATURE DU LIN & DE L'ÉTOUPE.

PRÉFACE DE L'AUTEUR ANGLAIS.

Comme la filature du lin et des étoupes est devenue dans ces dernières années une des principales industries sur le continent, et que les règles d'après lesquelles s'opèrent l'étalage, le cardage, l'étirage et la filature, sont généralement peu comprises, on demande depuis longtemps un traité de calcul pour les ouvriers des différentes spécialités de cette industrie. C'est à peine, si aujourd'hui on trouverait dix filatures où l'on suive la même méthode, et j'ai souvent remarqué dans des établissements anciens, et d'ailleurs bien dirigés, que la plupart des surveillants ne connaissent, ni ne suivent aucun système réellement pratique.

La présente publication a pour but, d'établir en système une manière de procéder, unique et fondée sur des règles de la plus grande simplicité. Ainsi les personnes peu versées dans l'arithmétique, mais au courant de la préparation et de la filature du lin et des étoupes, pourront faire promptement et exactement tous les calculs qui leur sont nécessaires.

Nous ferons aussi quelques remarques sur la manière de se servir de la carde et des autres machines, mais cet ouvrage ayant uniquement pour objet de montrer comment s'opèrent les calculs, et le lecteur étant censé connaître les machines dont il est question, nous avons dû nous borner pour ne pas nous écarter de notre sujet.

Nous avons aussi donné des indications pour changer la crémaillère, les pignons de torsion et d'étirage et la force du levier, en se servant de la règle à calcul. L'ouvrier appréciera ces indications, elles l'aideront à faire avec sa règle, et sans le secours des chiffres, tous les calculs dont il aura besoin.

Le système fondé sur les règles données dans cet ouvrage est le fruit de plusieurs années de travail de l'auteur, qu'il peut d'autant mieux recommander, qu'il en a fait l'application sur les machines perfectionnées.

SIGNES ARITHMÉTIQUES

EMPLOYÉS DANS CET OUVRAGE.

$=$ Egale. $+$ Plus. Exemple $2 + 4 = 6$. 2 plus 4 égale 6. $-$ Moins. Exemple $6 - 2 = 4$. 6 moins 2 égale 4. $\times$ Multiplié par. Exemple $4 \times 3 = 12$ 4 multiplié par 3 égale 12. $\div$ Divisé par. Exemple $6 \div 2 = 3$. 6 divisé par 2 égale 3. : :: : (proportion). Exemple 3 : 9 :: 4 : 12. 3 est à 9 comme 4 est à 12. Le carré d'un nombre est le produit d'un nombre multiplié par lui-même. Ainsi $2 \times 2 = 4$ s'écrit 2^2 égale 4. $\sqrt{}$ Racine carrée. Ainsi $\sqrt{16} = 4$, c'est-à-dire la racine carrée de 16 égale 4.

DÉVIDAGE ANGLAIS.

1 thread	=		3 yards, =	108 pouces
100 »	= 1 lea,	=	300 » =	10,800 »
10 leas,	= 1 hank,	=	3,000 » =	108,000 »
20 hanks,	= 1 bundle,	=	60,000 » =	2,160,000 »

SQUIRREL REEL. (autre système)

1 thread,	=		$1\frac{1}{2}$ yards, =	54 pouces.
100 »	= 1 lea,	=	150 » =	5,400 »
10 leas,	= 1 hank,	=	1,000 » =	54,000 »
40 hanks,	= 1 bundle,	=	60,000 » =	2,160,000 »

DÉVIDAGE ECOSSAIS.

1 thread,	=		$2\frac{1}{2}$ yards, =	90 pouces
120 »	= 1 cut,	=	300 » =	10,800 »
2 cuts,	= 1 heer,	=	600 » =	21,600 »
6 heers,	= 1 hank,	=	3,600 » =	129,600 »
4 hanks,	= 1 spindle,	=	14,400 » =	518,400 »

DÉVIDAGE IRLANDAIS LE PLUS ADOPTÉ PAR LES FILATEURS FRANÇAIS

1 Tour,	= $4\frac{1}{2}$ pieds anglais ou 90 pouces.
120 Tours,	= une échevette 900 pieds ou 10,800 pouces,
12 Echevettes	= un écheveau 10,800 pieds ou 129,601 pouces,
20 Echeveaux	= un dévidoir 216,000 pieds ou 2,592,000 pouces

Table des numéros anglais les plus usités, avec les numéros français correspondants en regard.

Nos ANGLAIS les PLUS USITÉS.	Nos FRANÇAIS Correspondants.	Nos ANGLAIS les PLUS USITÉS.	Nos FRANÇAIS Correspondants.
4	1	28	8
5	2	30	9
6	2	32	10
7	2	35	11
8	2	40	12
10	3	45	14
12	4	50	15
14	4	55	17
16	5	60	18
18	5	70	21
20	6	80	24
22	7	90	27
25	8	100	30

MESURES ANGLAISES.

Le yard se divise en trois pieds anglais.
Le pied en douze pouces.
Le pouce en douze lignes.

Le yard vaut. . . .	0 mèt.	914 m/m
Le pied »	0 »	305 m/m
Le pouce » . . .	0 »	0254 m/m
La livre anglaise vaut.	0 k.	453 grammes.
L'once anglaise » .	0 k.	0283 décigram.

PRÉPARATION DU LIN

La préparation est le premier travail que le lin peigné doit subir au moyen de machines appelées étaleuses, étirages et banc-à-broches.

L'étaleuse est une machine construite de différentes manières, et connue sous les noms de machine circulaire ou à tambour, de machine à chaîne ou à chaînon, de métier à spirale ou de Gill à vis. On se sert de tous ces métiers pour les lins longs, aussi bien que pour les lins coupés. On appelle lin coupé celui qui a été coupé en deux ou trois parties. La machine à spirale s'emploie ordinairement pour travailler les lins coupés, parce que les barrettes se rapprochent plus du rouleau fournisseur que dans les autres machines, et qu'elles retiennent le lin jusqu'à ce qu'il soit reçu par le rouleau étireur. Le rouleau fournisseur et le rouleau étireur étant parallèles aux barrettes, il en résulte que le lin reçoit librement l'étirage.

L'écartement et le nombre des barrettes sont déterminés par l'espèce de lin qu'elles doivent préparer (long, demi-long ou en trois).

Le métier circulaire ou à tambour est plus ancien que le métier à vis, on s'en sert généralement pour la préparation des étoupes, dans les établissements où l'on n'a pas encore adopté le métier à vis.

La machine à chaîne s'emploie généralement pour la préparation des lins longs et demi-longs. Elle convient surtout aux lins longs et gros qui doivent passer rapidement sur le métier, et fournir des rubans pour les plus gros numéros.

L'étaleuse est disposée de manière à indiquer la longueur des yards sortis et reçus dans chaque pot. Le mouvement est produit par une vis sans fin, fixée à l'une des extrémités du rouleau étireur, et commandant une roue appelée en anglais *socket whcel* (roue de la vis sans fin).

Celle-ci commande à son tour par une vis sans fin, fixée à son centre, la roue qui agite la sonnette. Cette roue à sonnette est munie d'une goupille près des dents et, en accomplissant son mouvement, elle touche à un ressort qui fait sonner ; le bruit de la sonnette annonce à l'ouvrière qu'une certaine longueur de ruban est sortie ; on rompt alors le ruban, on enlève le pot dans lequel il est tombé et on le remplace par un pot vide.

Ces pots sont d'un poids uniforme, on les appelle en anglais *sett cans* (ou garniture) ; quand un certain nombre de ces pots sont remplis, on les pèse pour connaître le poids du ruban contenu dans chacun d'eux. Cette opération se fait en plaçant le poids d'un pot vide dans le plateau opposé, afin d'obtenir le poids net du ruban. Lorsqu'un certain poids de ruban suffit pour produire l'espèce de fil qu'on désire, on fait passer le ruban par une autre machine appelée étirage.

Il y a aussi des métiers qui n'ont pas de sonnette pour indiquer la longueur sortie, et dont le mécanisme ressemble à celui d'une horloge. Elles ont près du cuir de la table sans fin, un cadran commandé par le rouleau fournisseur et muni d'une aiguille indiquant le poids sorti. Ces métiers ont aussi un mécanisme auquel on attache le lin avant de l'étaler. Les deux mécanismes mis en mouvement, l'un par l'engrenage et l'autre par l'ouvrière étaleuse, doivent fonctionner ensemble, attendu que le poids retiré du plateau doit correspondre à la longueur étirée par le rouleau fournisseur. En suivant ce système, on se propose d'obtenir un ruban d'un poids uniforme, qui peut remplacer l'assortiment, sans avoir l'embarras de peser les pots, les yards sortis étant en rapport avec le poids placé dans la balance.

La manière de calculer la longueur sur cette dernière machine, diffère beaucoup de la manière de la prendre sur un métier à sonnette commandé par le rouleau débiteur. Lorsqu'on a calculé la longueur du ruban sur une table dont le cadran ou la sonnette tire son mouvement du rouleau fournisseur, il faut d'abord connaître l'étirage, parce que les nombres trouvés par les calculs faits sur ces rouleaux, doivent être multipliés par la longueur sortie. Pour les métiers commandés par le rouleau débiteur, il n'est pas nécessaire de connaître l'étirage, parce que ce rouleau n'a aucune action sur l'étirage.

Nous allons donner des exemples de calculs avec les différents systèmes de métiers :

Trouvez la longueur du ruban marqué par la sonnette commandée par le débiteur.

Règle. — Multipliez le nombre de dents de la

roue commandée par la vis sans fin, par le nombre de dents de la roue à sonnette, multipliez ensuite le produit par la circonférence (en pouces), du rouleau débiteur.

Divisez ce deuxième produit par 36 pouces.

Le quotient donnera les yards d'une sonnette.

Exemple. Quelle est la longueur du ruban marqué par la sonnette d'une étaleuse, ayant une roue commandée par la vis sans fin, de 48 dents, une roue à sonnette de 60 dents, la circonférence du rouleau débiteur étant de 12 pouces 1/2?

```
                 48
                 60
              -------
               2880
                 12 1/2 circonférence.
              -------
              34560
               1440=1/2 pouce.
              -------
1 yard=36)    36000
              -------
               1000 yards de longueur.
```

Trouvez la longueur du ruban qui sortira pendant un tour d'aiguille sur le cadran.

Règle. Multipliez la circonférence du fournisseur par les dents de la roue qui commande le cadran, et ce produit par l'étirage du métier; divisez ce deuxième produit par 36, le quotient donnera la longueur du ruban sorti par un tour de cadran.

Exemple. Quel sera le nombre de yards reçus dans un pot pendant un tour d'aiguille ; la circonférence du rouleau fournisseur étant de 7 pouces, la roue à l'extrémité du rouleau ayant 24 dents, et commandant une roue de vis sans fin de 96 dents, cette dernière faisant tourner la roue (de l'arbre de l'aiguille), et ayant 36 dents, l'étirage du métier étant de 25 ?

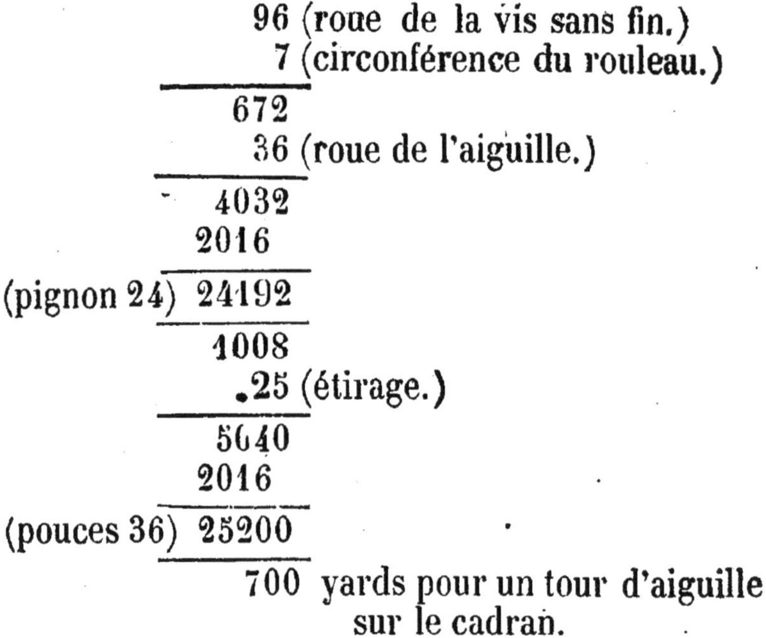

96 (roue de la vis sans fin.)
7 (circonférence du rouleau.)
672
36 (roue de l'aiguille.)
4032
2016
(pignon 24) 24192
1008
25 (étirage.)
5040
2016
(pouces 36) 25200
700 yards pour un tour d'aiguille sur le cadran.

L'étirage d'une étaleuse se calcule de la même manière que pour le métier à étirage, c'est-à-dire, en multipliant le produit de tous les pignons commandeurs par le diamètre du fournisseur et en divisant ce nombre par le produit de tous les commandés multipliés par le diamètre du rouleau étireur. Le quotient donnera l'étirage du métier.

Exemple. Quel étirage le premier métier à

étirage aura-t-il avec pignon commandeur de 30 dents, pignon de rechange de 45 dents, pignon de commande des vis 12 dents; tête de cheval 60 dents ; pignon de la tête de cheval 36 dents et roue du rouleau fournisseur 48 dents ?

30	45
12	60
360	2700
36	48
2160	21600
1080	10800
12960	129600
2	3
25920	388800 (15 étirage.
	25920
	129600
	129600

L'étirage des étaleuses pour les lins longs est ordinairement de 30 à 60 et pour les lins coupés de 20 à 30. (*) L'exemple qui précède n'a pour but que de montrer la manière de calculer l'étirage.

L'étalage du lin long et du lin coupé se fait de la même manière, et la disposition des métiers est à peu près la même. Les métiers pour le lin

(*) Aujourd'hui l'étirage des tables est de 20 à 30 pour le lin long et de 10 à 20 pour le lin coupé.

long ont plus d'écartement entre le rouleau fournisseur et le rouleau étireur; les rouleaux sont, pour la plupart, d'un plus grand diamètre, et les Gills ont moins d'aiguilles par pouce, que ceux dont on se sert pour le lin coupé. Il y a aussi dans certains établissements quelque différence en ce qui concerne la longueur marquée par la sonnette. Les métiers pour le lin coupé rendent rarement plus de 600 à 800 yards par sonnette, tandis que ceux dont on se sert pour le lin long, rendent en moyenne 1000 à 1600 yards.

Quand on débite de grandes longueurs, on se sert, dans quelques établissements, d'une machine d'une construction particulière pour les lins coupés. Cette machine a une forme cylindrique; le ruban en la traversant est soulevé et comprimé par un mouvement excentrique entre l'étireur et le rouleau débiteur, mais de quelque manière que s'opère la pression, par la main ou autrement, moins le ruban est comprimé, mieux cela vaut.

L'étalage est la partie la plus importante de la préparation du lin, attendu que la régularité du ruban dépend beaucoup de l'étaleuse. Si les cordons ne sont pas divisés en parties égales, et étendus avec une grande régularité, on aura un ruban défectueux. L'ouvrière étaleuse doit toujours diviser les cordons en autant de parties que possible, afin que le cuir sans fin tournisseur soit couvert à une distance convenable du rouleau fournisseur; elle les superposera d'une manière uniforme, pour que le lin soit égalisé, quand le rouleau fournisseur s'en emparera.

Dans un certain nombre d'établissements, on

allonge un peu le lin en le posant sur le cuir sans fin. Dans d'autres, on se contente de l'étendre, c'est un détail que nous laissons à l'appréciation du lecteur.

Nous allons maintenant faire connaître plusieurs manières de calculer l'assortiment du second étirage, pour un numéro déterminé. Nous résoudrons plusieurs problêmes pour familiariser le lecteur avec la marche à suivre, et mettre l'ouvrier en état de faire les calculs dont il pourra avoir besoin dans sa spécialité.

1re *Règle.* — Multipliez les étirages du métier à étirage et du banc-à-broches, par la longueur marquée par la sonnette, et multipliez ce produit par l'étirage de filature.

Multipliez ensuite le nombre d'échevettes du numéro demandé contenues dans une livre, par 300, et ce produit, par les rubans de l'étirage et du banc-à-broches. Divisez le premier produit par le second, et le quotient donnera le poids de l'assortiment demandé.

Exemple. — Quel poids faut-il mettre au premier étirage, pour produire 50 échevettes de fil avec 1000 yards marqués par la sonnette; étirage du 2e étirage 15; étirage du 3e étirage 12; étirage du banc-à-broches 10, et l'étirage du métier à filer étant 8, avec 10 rubans au 3e étirage, et un ruban au banc-à-broches ?

$$\frac{1000 \times 15 \times 12 \times 10 \times 8}{300 \times 50 \times 10 \times 1} = 96 \text{ livres.}$$

La méthode qui suit, consiste à calculer l'assortiment d'après le poids en livres par bundle.

Règle. — Multipliez la longueur marquée par la sonnette, par les étirages du métier à étirage, du banc-à-broches et du métier à filer, et ce produit : par le poids du bundle, ce sera le dividende. Multipliez ensuite 60000 (*yards d'un bundle*) par les rubans du métier à étirage et du banc-à-broches : ce sera le diviseur. Divisez le premier produit par le second, et le quotient donnera le poids de l'assortiment demandé pour le poids du bundle.

Quel poids doit-on donner à un premier étirage pour produire quatre livres par bundle avec 1000 yards marqués par la sonnette, les étirages et le nombre de rubans étant les suivants : 2e étirage 15 ; 3e étirage 12 ; l'étirage du banc-à-broches étant 10 ; l'étirage du métier à filer 8 ; le bundle 60000 yards ?

$$Ex.\ \frac{1000 \times 15 \times 12 \times 10 \times 8 \times 4}{10 \times 1 \times 60000} = 96 \text{ liv.}$$

Trouvez l'assortiment d'après le poids de 100 yards de mèches.

Règle. — Multipliez le poids donné pour 100 yards de rubans, par l'étirage de tous les métiers (étirage et banc-à-broches), et le produit, par la longueur marquée par la sonnette : ce sera le dividende ; multipliez ensuite les rubans à l'étirage et au banc-à-broches par 100 yards, et ce produit par le carré de 16 (ou deux fois de suite par 16 pour réduire en livres), ce sera le diviseur. Divisez le premier produit par le second, et le quotient donnera l'assortiment cherché.

Exemple. — Quel poids faut-il donner au second étirage, pour produire un ruban pesant 12 drams 1/2 par 100 yards avec les étirages, le nombre de rubans et la longueur marquée par la sonnette qui suivent, sonnette 1000 yards, étirage du 2e étirage 15, du 3e étirage 12, étirage du banc-à-broches 10, dix rubans au 3e étirage et un au banc-à-broches ?

$$\frac{12\,1/2 \times 15 \times 12 \times 10 \times 10 \times 1000}{1 \times 10 \times 16 \times 16 \times 100} = 88 \text{ liv. env.}$$

Trouvez l'assortiment d'après le nombre de yards contenus dans une livre de mèches.

Règle.— Multipliez les yards contenus dans une livre de mèches, par le nombre de rubans au métier à étirage et au banc-à-broches : ce produit sera le dividende ; divisez ensuite par les étirages du métier à étirage et du banc-à-broches et par le quotient ainsi obtenu ; divisez la longueur marquée par la sonnette. Le résultat donnera le poids de l'assortiment.

Exemple.—Quel sera le poids de l'assortiment, les étirages et les rubans étant les mêmes que dans l'exemple précédent (*sonnette de* 1000 *yards*) pour produire un ruban de 2048 yards à la livre ?

15	2048
12	10
180	20480
10	1
1800	20480 (11,37

Donc 1000 ÷ 11,37 = 88 livres pour l'assortiment.

Trouvez le poids de l'assortiment d'après les yards contenus dans une once de mèches de rowing.

Règle. — Multipliez la longueur marquée par la sonnette, par les étirages du métier à étirage et du banc-à-broches, et divisez le produit par la longueur d'une once de mèches multipliées par les rubans du métier à étirage et du banc-à-broches ; le quotient donnera le poids cherché pour le premier étirage.

Exemple. — Si 128 yards de mèches pèsent une once, quel sera le poids de l'assortiment avec les étirages et les rubans qui suivent, sonnette 1000 yards, 1er étirage 15, 3e étirage 12, l'étirage du banc-à-broches 10, dix rubans à l'étirage par derrière, un ruban au banc-à-broches ?

$$\frac{1000 \times 15 \times 12 \times 10}{128 \times 10 \times 1 \times 16} = 88 \text{ livres environ.}$$

Remarque. — Il est entendu que dans les calculs ci-dessus on ne tient pas compte du raccourcissement par la torsion au métier à filer.

Il faut donc réduire de 8 à 10 pour cent le poids trouvé dans chaque exemple ; aux fils de lin auxquels on veut donner une forte torsion par pouce, on réduit ordinairement de 10 %.

Trouvez les yards contenus dans une once de ıèches de rowing pour un numéro quelconque, étirage du métier à filer étant connu.

Règle. — Divisez 60000 par l'étirage du métier filer et le poids du bundle. Le quotient divisé ar 16 donnera le nombre de yards contenus ans une once de mèches de rowing pour le uméro du fil.

Exemple. — Combien la mèche rowing devra-elle avoir d'onces par yard pour produire quatre vres par bundle, l'étirage de filature étant de 8 ?

$$\frac{60000}{8 \times 4 \times 16} = 117 \text{ yards par once.}$$

On peut encore trouver le nombre de yards par nce en multipliant le nombre d'onces d'un bundle ar l'étirage et en divisant ce produit par 60000, quotient donnera le nombre de yards par once.

$$\frac{60000}{64 \times 8} = 117 \text{ yards.}$$

Une autre méthode consiste à poser le nombre 750, c'est-à-dire le 16me de 60000 yards et à diviser par le produit de l'étirage de filature du poids du bundle.

Exemple. — $\frac{3750}{8 \times 4} = 117$ yards par once.

Trouvez les yards contenus dans une once de mèches d'après le numéro.

Règle. — Multipliez les yards contenus dans une échevette par le numéro, et divisez le produit par l'étirage de filature multiplié par 16 ; le quotient donnera le nombre de yards par once.

Exemple. — S'il faut produire le numéro 50 avec un étirage de filature de 8, combien y aura-t-il de yards dans une once de mèches ?

$$\frac{300 \times 50}{8 \times 16} = 117 \text{ yards.}$$

L'exemple suivant mettra à même de trouver les yards contenus dans une once, avec le supplément nécessaire pour faire une réduction de 8 pour cent pour le raccourcissement par la torsion.

Règle. — Posez le nombre 20 et multipliez par ce nombre le numéro demandé ; divisez le quotient trouvé par l'étirage de filature, et vous aurez le nombre de yards contenus dans une once.

Exemple. — Combien y aura-t-il de yards contenus dans une once de mèches pour le numéro 50, si l'on déduit 8 pour cent pour le raccourcissement par la torsion ?

$$\frac{50 \times 20}{8} = 125 \text{ yards par once.}$$

Trouver la longueur d'une livre de rubans à une certaine phase de la préparation ?

Règle. — Le poids donné est à la longueur marquée par la sonnette, comme l'étirage du métier est à la longueur demandée ; le nombre de rubans à la machine suivante est à l'étirage de cette machine, comme la longueur trouvée en dernier lieu est à la longueur demandée.

Exemple. — Combien y a-t-il de yards dans une livre de rubans au banc-à-broches, au métier à étirages et au métier à filer, avec les rubans et le nombre de rubans ci-dessous indiqués ; la longueur de la sonnette étant de 1000 yards, et le poids de l'assortiment étant de 100 livres.

$$\frac{1000 \times 15 \times 12 \times 10 \times 8}{100 \times 10 \times 1 \times 1}$$

$$\frac{1000 \times 15}{100} = 150 \text{ yards au second étirage.}$$

$$\frac{150 \times 12}{10} = 180 \text{ yards au troisième étirage.}$$

$$\frac{180 \times 10}{1} = 1800 \text{ yards au banc-à-broches.}$$

$$\frac{1800 \times 8}{1} = 14400 \text{ yards de fil.}$$

Quelle est la longueur d'une livre de rubans à chacune des machines suivantes, 14400 yards étant la longueur d'une livre de fil ?

$$\frac{14400 \times 1 \times 1 \times 1 \times 100}{15 \times 10 \times 12 \times 8}$$

$$\frac{14400 \times 1}{8} = 1800 \text{ yards de rubans.}$$

$$\frac{1800 \times 1}{10} = 180 \text{ yards au troisième étirage.}$$

$$\frac{180 \times 10}{12} = 150 \text{ yards au second étirage.}$$

$$\frac{150 \times 100}{15} = 1000 \text{ yards marqués par la sonnette.}$$

Trouver le poids à mettre par yard sur les Gills d'un métier à étirage.

Règle. — Multipliez la longueur du Gill par la longueur de la pointe, et la racine carrée du produit sera le poids en onces par yard.

Exemple. — Si une étaleuse a des Gills de 6 pouces de longueur et des pointes de 2 pouces $\frac{3}{4}$, quelle quantité de lin faudra-t-il étaler par yard sur le cuir sans fin ?

$6 \times 2\frac{3}{4} = 15 \; \sqrt{} \; 3.86$ onces par yard.

Si le métier a quatre cuirs sans fin, il faudra 15 onces $\frac{1}{2}$.

Manière de calculer le poids que la machine à étaler peut débiter en dix heures, les assortiments qu'elle fournira pour un numéro déterminé, les cylindres des trois étirages, le nombre de broches du banc-à-broches qu'elle alimentera, et le nombre de broches du métier à filer, ayant une vitesse déterminée par minute.

Exemple. — Si une étaleuse a 4 cuirs sans fin avec une charge de 4 onces par yard sur chaque cuir, la longueur marquée par la sonnette étant de 800 yards et l'étirage du métier étant de 20, on aura :

$$800 \div 20 = 40 \text{ livres par pot.}$$

Quel poids une étaleuse débitera-t-elle dans l'espace de dix heures, la charge des cuirs sans fin étant d'une livre par yard, le cylindre ayant 4 pouces de diamètre avec une vitesse de 100 tours par minute, la longueur marquée par la sonnette étant de 800 yards ?

$100 \times 12\frac{1}{2} = 1250 \div 36 = 34\frac{7}{10}$ yards par min.
$34\frac{7}{10} \times 60 = 2082 \times 10 = 20820$ yards en 10 h.
$20820 \div 800 = 26$ pots de 40 liv. chacun $= 1040$ liv.

On demande quel sera le poids de l'assortiment pour le numéro 8 avec les étirages qui suivent : la longueur des rubans étant de 800 yards.

$$\frac{800 \times 20 \times 16 \times 15 \times 10}{300 \times 8 \times 8 \times 2} = 1000 \text{ livres.}$$

Trouver le nombre de broches du métier à filer pouvant être alimentées à une vitesse déterminée par cet assortiment, s'il reçoit les mêmes étirages, et que le nombre des rubans soit le même que pour le calcul du poids de l'assortiment :

$$\frac{\text{2}^{\text{e}}\text{ étirage, } \overset{\text{Assor.}}{1} \times \overset{\text{Tours.}}{100} \times \overset{\text{Cyl.}}{3} \times \overset{\text{Etirage.}}{16}}{\text{vitesse du 3}^{\text{e}}\text{ étirage } 100 \times 3} = 16 \text{ rubans au 3}^{\text{e}}\text{ étirage.}$$

On a alors $16 \div 2 = 8$ ou 2 doublages de 8 rubans, pour l'étirage par derrière.

$$\frac{\text{3e étirage,}\ \overset{\text{Doubl.}}{2} \times \overset{\text{Tours.}}{100} \times \overset{\text{Cyl.}}{3} \times \overset{\text{Etirages.}}{15}}{\text{vitesse du bc-à-bhes}\ 100 \times 2\frac{1}{2}} = \text{36 rubans au banc-à-bhes}$$

On a alors 36 ÷ 2 = 18 broches du banc-à-broches ayant chacune 2 rubans.

$$\frac{18 \times 100 \times 2\frac{1}{2} \times 10}{\text{vitesse de la broche}\ 40 \times 3} = \text{375 broches de filature alimentées}$$

$$\frac{375 \times 24}{\text{échevettes}\ 200} = \text{45 bundles débités en un jour.}$$

On n'a tenu compte ni du chômage, ni des déchets.

CARDAGE DES ÉTOUPES.

Les machines qui servent à préparer les étoupes demandent de grands soins, sous le rapport de l'arrangement et de la disposition. La carde est celle qui en exige le plus. Les étirages et les bancs-à-broches réclament aussi des soins pour que le travail qu'ils ont à faire donne des résultats satisfaisants. La carde est celle de toutes les machines qui coûte la plus cher, c'est aussi la plus compliquée ; sa garniture est si fragile, que faute de précautions, au moment du travail, elle est bientôt détériorée. Lorsque les dents sont couchées, il faut beaucoup de temps pour les redresser, ce redressage doit se faire avec beaucoup de soins et d'adresse, par un ouvrier habile, autrement les étoupes soumises au cardage s'accrocheraient aux dents, et produiraient un fil irrégulier et mauvais.

Lorsque les dents retiennent l'étoupe, il en résulte des enroulements qui en altèrent la qualité, il faut alors lui faire subir un nouveau cardage pour numéros inférieurs. Il importe donc que le surveillant du cardage prenne le plus grand soin des machines qui lui sont confiées.

Pour qu'une carde fonctionne régulièrement, et que chaque partie de cette machine fasse son travail d'une manière satisfaisante, il faut que les travailleurs et les débourreurs soient placés parallèlement au gros tambour, et qu'ils le soient aussi entre eux ; il faut, de plus, qu'il y ait entre celui-ci et eux une certaine distance, que l'expérience du surveillant déterminera d'après la longueur du brin et la qualité de l'étoupe à carder, afin que le passage de l'étoupe s'opère librement en même temps que la séparation et le parallélisme des fibres. Si les travailleurs sont trop éloignés du tambour, l'étoupe se tord et s'enroule ; il en résulte que la garniture est sérieusement endommagée, par l'écrasement des dents, et la carde fonctionne d'autant plus mal, car l'action des travailleurs et des débourreurs se fait moins sentir. Pour obtenir un bon cardage, il est de la plus haute importance que les travailleurs et les débourreurs soient à leur place. Nous allons nous expliquer :

Si les travailleurs et les débourreurs sont trop rapprochés du gros tambour, l'étoupe sera coupée et déchirée par le mouvement de celui-ci ; les fibres déplacées et affaiblies produiront un ruban irrégulier et un fil de qualité inférieure.

On ne saurait donner une règle précise pour déterminer à quelle distance du tambour il faut mettre les travailleurs et les déboureurs, attendu que cette distance doit être déterminée par la qualité de la matière première, par la vitesse et par le diamètre du tambour. Plus la vitesse est grande, plus les travailleurs et les déboureurs doivent être éloignés du tambour.

Une carde de cinq pieds de diamètre aura une bonne vitesse si elle accomplit 160 à 180 révolutions par minute. Avec cette vitesse, si la carde est en bon état, la séparation des fibres sera parfaite, la poussière et les courtes fibres seront enlevées, et, par conséquent, la garniture de la carde sera préservée de tout contact avec les nœuds et autres ordures. Le mouvement des déboureurs doit être en rapport avec celui des travailleurs et du cylindre. Comme le mouvement des cardes s'accomplit avec une vitesse, qui varie selon les circonstances, il est impossible de fixer cette vitesse par une règle absolue ; mais nous allons donner pour exemple un modèle de carde, ayant cinq pieds de diamètre, en indiquant la vitesse relative des travailleurs et des déboureurs (le cylindre faisant 140 tours par minute), les diamètres des travailleurs, des déboureurs et du cylindre fournisseur d'une carde circulaire :

Vitesse du tambour	144
Diamètre du id. en pouces anglais.	60
Largeur du id. en pieds id. .	6
Vitesse des travailleurs.	38
Diamètre des id. en pouces. .	4
Vitesse des déboureurs.	320
Diamètre des id. en pouces angl.	5
Diamètre des rouleaux fournisseurs .	3

Diamètre du peigneur en pouces. .	15
Coups de peigne par minute . . .	261
Poulie du tambour	20
Diamètre de la poulie qui commande la carde	24
Vitesse de l'arbre par minute . . .	120

Le numéro correspondant à l'épaisseur des dents, varie suivant la qualité de l'étoupe qu'on veut carder, pour obtenir des fils, plus ou moins fins. Il suffira de donner un exemple de cette variété de dents du cylindre au peigneur.

Remarque. La carde ordinaire est généralement garnie de la même manière.

Rouleaux fournisseurs en	16
Tambour en	18
Travailleurs, Nos 1, 2 et 3 en. . .	18
Idem, Nos 4, 5, 6, 7 et 8 en.	20
Débourreurs, Nos 1, 2 et 3 en. . .	18
Idem, Nos 4, 5 et 6 en. . .	20
Idem, Nos 7, 8 et 9 en. . .	22
Peigneur du haut de la carde en . .	18
Idem du milieu id. en . .	20
Idem du bas id. en . .	22

La carde perfectionnée porte le nom de carde circulaire; elle opère à la fois, comme carde briseuse et comme carde finisseuse, et produit avec la même matière plusieurs sortes de rubans. Les calculs se font exactement de la même manière; mais il faut remarquer que le résultat, indiquant le poids de l'assortiment sert à toute la carde; aussi, quel que soit le nombre des toiles sans fin de la carde, le poids donné doit être placé sur autant de toiles sans fin qu'il y aura de rubans sur le devant; si les rubans doivent entrer dans un seul pot, quel que soit le nombre de toiles sans fin dont on se sert, l'assortiment à étaler par yards sera divisé en autant de parties qu'il y a de toiles sans fin, pour que chacune d'elles ait sa part. Par exemple, si le poids à étaler sur un yard de toile sans fin est de 8 onces, la carde ayant deux toiles sans fin, on mettra 4 onces sur chaque yard de toile sans fin, si les rubans doivent se réunir sur le devant. Le ruban sorti aura alors un poids égal à celui d'une seule toile, sur laquelle on aurait mis 8 onces d'étoupes par yard.

La carde circulaire diffère aussi par sa construction de la carde ordinaire. Le tambour de la carde ordinaire, dans son mouvement supérieur, s'éloigne des fournisseurs en faisant passer l'étoupe de l'autre côté. Celle-ci, après avoir été livrée aux travailleurs et aux déboureurs, sort sur le devant, en passant sur une toile ou un délivreur ; à sa sortie des rouleaux, elle est reçue dans le pot pour aller à l'étirage.

Le tambour de la carde circulaire se rapproche des fournisseurs dans sa révolution inférieure, et dirige sous la carde l'étoupe qui y rencontre le premier déboureur. La carde circulaire a des déboureurs et des travailleurs tout autour du cylindre, excepté sur le devant ; elle a aussi quatre rouleaux fournisseurs, et au moins deux toiles sans fin. L'opération du cardage terminée, l'étoupe sort en rubans séparés de chaque peigne du côté où l'étoupe a été étalée. Il y a généralement trois peigneurs par carde, placés l'un au-dessus de l'autre et sur lesquels l'étoupe passe en même temps. La carde est disposée de manière à séparer les différentes sortes d'étoupes ; le peigneur du bas prenant les fibres les plus fines. Aussi, plus il y aura de peigneurs, plus il y aura de sortes de rubans. Comme on obtient moins de régularité et de parallélisme, avec ce genre de cardes, qu'avec les cardes ordinaires, en faisant passer la matière par une briseuse et une finisseuse, on calcule généralement le poids de l'assortiment au premier étirage. Sur l'étirage se trouve une sonnette au moyen de laquelle on obtient le poids destiné aux autres machines pour tous les numéros.

Une dernière addition fut faite, il y a peu d'années, à la carde finisseuse : c'est le placement d'un étirage appelé Rotary-Gills, machine qui se place également à la première carde briseuse ; c'est une petite machine, bien simple, qui a un étirage invariable de quatre, mais ayant une vitesse variable ; cet étirage possède une sonnette semblable à celle de l'étaleuse d'environ 400 yards de long ; de cette façon, l'on peut faire la garniture au sortir de cette machine.

Trouver l'étirage d'une carde circulaire :

Multipliez les dents du pignon de rechange par les dents du pignon de la tête de cheval, et le produit ainsi obtenu par le diamètre des fournisseurs. Multipliez ensuite les dents de la roue de la tête de cheval et du pignon de rechange par le diamètre du rouleau débiteur. Divisez ce second produit par le premier, et le quotient donnera l'étirage de la carde.

Exemple. — Quel sera l'étirage d'une carde montée de la manière suivante : pignon de rechange, 48 ; pignon de la tête de cheval, 40 ; roue du pignon de rechange, 136 ; roue de la tête de cheval, 180 ; diamètre du fournisseur, 3 pouces ; rouleau débiteur, 4 pouces ?

$$\frac{136 \times 180 \times 4}{48 \times 40 \times 3} = 12\tfrac{7}{10}$$

Le pignon de rechange, pour un étirage quelconque, peut se trouver par les proportions.

Manière de trouver le poids à mettre sur un yard de toile sans fin, pour produire un numéro quelconque :

Règle. — La longueur d'une once de fil du numéro demandé, est à la longueur étirée par les machines, comme une once est au poids en onces pour un yard de toile sans fin.

Exemple. — Quel poids d'étoupe faudra-t-il mettre sur un yard de toile sans fin, pour produire le numéro 40, les machines ayant les étirages et les rubans qui suivent, le fil étant de 600 yards par once.

$$\frac{\text{Etirages.}\quad 24 \times 20 \times 8 \times 8 \times 6 \times 10}{\text{Rubans.}\quad 600 \times 12 \times 4 \times 4 \times 2 \times 1}$$

Réponse. — Huit onces sur un yard de toile sans fin.

2me *Exemple.* — Cardage au moyen d'une carde circulaire :

Quel poids d'étoupe faut-il mettre sur un yard de toile sans fin, pour produire le numéro 80, avec les étirages et les rubans qui suivent, le fil devant avoir 100 yards par once ?

$$\frac{\text{Etirages.}\ 12 \times 10 \times 10 \times 8 \times 9}{\text{Rubans.}\ 150 \times 10 \times 8 \times 1}$$

Réponse. — 6 onces $\frac{1}{2}$ sur un yard de toile sans fin.

On peut obtenir un nombre constant, en multipliant le poids trouvé par les échevettes produites. Le poids à mettre par yard sur la toile sans fin peut se trouver en divisant le nombre constant, par le numéro cherché, si les étirages et les rubans sont les mêmes, pour la carde, l'étirage, le banc-à-broches et le métier à filer.

Exemple. — Quel poids d'étoupe faut-il mettre par yard sur la toile sans fin (les étirages et les rubans étant les mêmes que dans l'exemple précédent), pour produire le numéro 100 ?

Le nombre constant étant

$$\frac{520}{100} = 5 \text{ onces } 3 \text{ drams.}$$

On peut trouver le poids par les proportions, en changeant de numéro, si les étirages et les rubans sont les mêmes.

Règle. — Le poids d'étoupe travaillée est au poids demandé, comme le numéro produit est au numéro demandé.

Exemple. — Si avec cinq onces d'étoupe on produit le numéro 80, quel poids faudra-t-il pour produire le numéro 100, les étirages et les rubans étant les mêmes ?

$$\frac{5 \times 80}{100} = 4 \text{ onces.}$$

Trouver les yards fournis par une carde, pour chaque tour de la roue qui commande la sonnette.

Règle. — Multipliez le nombre de dents de la roue qui commande la sonnette, par le nombre de dents de la roue de la vis sans fin, et le produit ainsi obtenu par la circonférence du rouleau débiteur ; divisez ensuite ce deuxième produit par 36 (pouces d'un yard), le quotient donnera le nombre de yards sortis pour un tour de la roue de la sonnette.

Exemple. — Si une carde a un mouvement de sonnette, ayant une roue de vis sans fin de 40 dents, une roue de sonnette de 90 dents, et un rouleau débiteur, dont la circonférence est de sept pouces, quelle est la longueur indiquée par la sonnette ?

$$\frac{40 \times 90 \times 7}{35} = 700 \text{ yards.}$$

2me *Exemple.* $$\frac{28 \times 92 \times 7}{36} = 500 \text{ yards.}$$

Manière de trouver le poids nécessaire pour produire un numéro quelconque ou le poids du bundle.

Règle. — La longueur des yards d'une livre de rubans est à la longueur étirée par les machines, comme une livre est au poids demandé.

Exemple. — Quel poids un ruban de 500 yards de long devra-t-il avoir au 1er étirage, pour produire le numéro 50 leas ou quatre livres par bundle, les machines ayant les étirages et les rubans qui suivent : 15,000 yards dans une livre ?

$$\frac{\text{Etirages : } 500 \times 10 \times 10 \times 8 \times 8}{\text{Rubans : } 15000 \times 10 \times 6 \times 1} = 3 \text{ livres } \tfrac{1}{2}.$$

Remarque. — Pour trouver le poids devant produire un numéro quelconque, d'après la longueur d'une livre de rubans, il faut suivre la même méthode que dans l'exemple précédent, sans tenir compte de l'étirage de filature.

$$\frac{500 \times 10 \times 10 \times 8}{1875 \times 10 \times 6 \times 1} = 3 \text{ livres } \tfrac{1}{2}$$

Pour trouver le nombre de yards contenus dans une livre de mèches de rowing, il faut connaître l'étirage de filature qu'on doit lui donner, pour produire ce nombre. Par exemple : si l'on a 50 échevettes et un étirage de 8, prenez le nombre 300 (yards contenus dans une échevette de fil), multipliez-le par 50, et vous aurez les yards contenus dans une livre de fil ; divisez ensuite les yards trouvés par l'étirage du métier à filer, le quotient donnera les yards d'une livre de mèches.

On demande le nombre de yards contenus dans une livre de mèches devant produire le numéro 50, l'étirage de filature étant de 8 :

Exemple.

$$\begin{array}{r}300\\50\\\hline 8\times 15000\end{array} = 1875 \text{ yards.}$$

Manière de trouver par les proportions le poids de l'assortiment (sett) d'un numéro à l'autre.

Règle. — Le poids de l'étoupe travaillée est au poids demandé, comme le numéro produit est au numéro demandé.

Exemple. — Si 50 livres d'étoupes produisent 4 livres de fil, quel poids faudra-t-il, les étirages et les rubans étant les mêmes, pour produire 2 livres $\frac{1}{2}$ par bundle ?

$$\frac{2\frac{1}{2} \times 50}{4 = 31\frac{1}{4}} = \text{réponse 31 livres } \frac{1}{4}.$$

Manière de changer, par les proportions, le poids de l'assortiment en sett, d'après le numéro.

Ce calcul se fait de la même manière que dans l'exemple précédent, en remplaçant le poids du bundle par le numéro.

Exemple. — Quel poids faudra-t-il mettre, sur les métiers produisant le numéro 50, avec un assortiment pesant 50 livres, pour obtenir le numéro 100 et le numéro 80 ?

$$\frac{50 \times 50}{100} \text{ réponse 25 livres.}$$

$$\frac{100 \times 25}{80} \text{ réponse 31.25 livres.}$$

Manière de trouver le poids d'une longueur déterminée de rubans, à une certaine phase de la préparation, soit à la carde, à l'étirage ou au banc-à-broches.

Règle.— L'étirage d'une carde ou de plusieurs cardes est à la longueur donnée, comme le poids de l'étoupe, sur un yard de toile sans fin, est au poids demandé, et le nombre de rubans à la machine suivante, est à l'étirage de cette machine, comme le poids trouvé en dernier lieu est au poids demandé.

Exemple. — Quel est le poids de 100 yards de rubans, de mèches et de fil, fournis par chacune des machines suivantes, avec le nombre ci-dessous indiqué de rubans, la charge de la toile sans fin étant de six onces d'étoupe par yard ?

$$\text{Etirages. Rubans.} \quad \frac{20 \times 10 \times 10 \times 8 \times 6}{10 \times 6 \times 2}$$

$$\frac{100 \times 6 \text{ onces d'un yard.}}{20} = 30 \text{ onces à la carde.}$$

$$\frac{10 \times 30}{10} = 30 \text{ onces au 1}^{er} \text{ étirage.}$$

$$\frac{6 \times 30}{10} = 18 \text{ onces au 2}^{\text{me}} \text{ étirage.}$$

$$\frac{2 \times 18}{8} = 4 \text{ onces } \tfrac{1}{2} \text{ au banc-à-broches.}$$

$$\frac{1 \times 72}{6} = 12 \text{ drams de fil.}$$

Manière de trouver le poids de l'étoupe à étaler sur un yard de toile sans fin, pour produire un nombre déterminé de yards par once de fil.

Règle. — La longueur d'un certain poids de fil est à la longueur donnée, comme l'étirage du métier à filer est au poids demandé. En outre, le nombre des machines est à l'étirage de ces machines, comme le poids trouvé en dernier lieu est au poids demandé.

Exemple. — Quel poids en onces faut-il mettre sur un yard de toile sans fin, avec les étirages et le nombre de rubans ci-dessous indiqués, 100 yards de fil pesant 12 drams ?

$$\begin{array}{ll} \text{Etirages :} & 6 \times 8 \times 10 \times 10 \times 20 \\ \hline \text{Rubans :} & 1 \times 10 \times 6 \times 2 \times 100 \end{array}$$

$$\frac{6 \times 12}{1} = 72 \text{ drams ou } 4 \text{ onces } \tfrac{1}{2} \text{ de mèches.}$$

$$\frac{8 \times 4\tfrac{1}{2}}{2} = 18 \text{ onces au second étirage.}$$

$$\frac{10 \times 18}{6} = 30 \text{ onces au premier étirage.}$$

$$\frac{10 \times 30}{10} = 30 \text{ onces à la carde.}$$

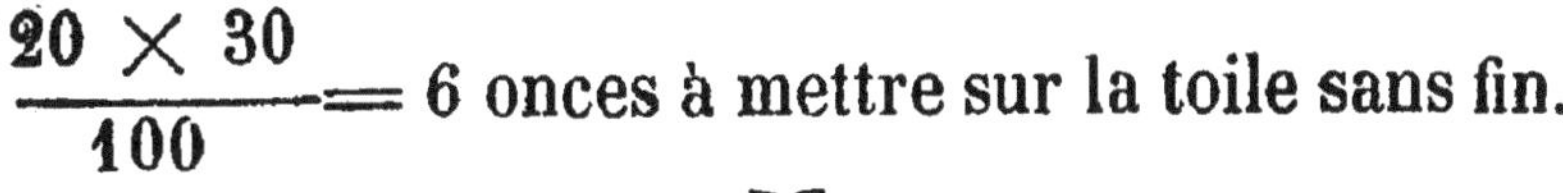

$\frac{20 \times 30}{100}$ = 6 onces à mettre sur la toile sans fin.

Quel sera le poids de 300 yards de rubans et de mèches à chaque machine, avec les étirages et le nombre de rubans ci-dessous indiqués, en supposant que 100 yards de fil pèsent 12 drams, et que la charge de la toile sans fin soit de six onces d'étoupe par yard ?

$$\frac{\text{Etirages : } 300 \times 20 \times 10 \times 10 \times 8 \times 6 \times 12}{\text{Rubans : } 300 \times 10 \times 6 \times 2 \times 16 \times 1 \times 100}$$

$\frac{300 \times 12}{16 \times 100}$ = 2 onces $\frac{1}{4}$ de mèches.

$\frac{6 \times 2\frac{1}{4}}{1}$ = 13 onces $\frac{1}{2}$ au second étirage.

$\frac{8 \times 13\frac{1}{2}}{2}$ = 54 onces au premier étirage.

$\frac{10 \times 54}{6}$ = 90 onces à la carde.

$\frac{20 \times 90}{300}$ = 6 onces mis sur la toile sans fin par yard.

Manière de trouver la longueur d'un poids donné, à une phase quelconque de la préparation.

Règle. — Le poids donné est à la longueur de la toile sans fin, comme l'étirage de la carde est à la longueur du ruban demandé, et le nombre de rubans aux machines suivantes, est à leur étirage, comme la longueur trouvée est à la longueur demandée.

Exemple. — Quelle est la longueur d'une livre de rubans à chacune des machines suivantes, avec les étirages et le nombre de rubans ci-dessous indiqués, et 16 onces d'étoupe par yard sur la toile sans fin ?

$$\begin{array}{ll} \text{Etirages :} & 20 \times 10 \times 10 \times 8 \times 6 \\ \hline \text{Rubans :} & 10 \times 6 \times 2 \times 1 \end{array}$$

$\frac{20 \times 1}{1} = 20$ yards à la carde.

$\frac{10 \times 20}{10} = 20$ yards au premier étirage.

$\frac{10 \times 20}{6} = 33\frac{3}{10}$ yards au second étirage.

$\frac{8 \times 33\frac{3}{10}}{2} = 133\frac{2}{10}$ yards au banc-à-broches.

$\frac{6 \times 133\frac{2}{10}}{1} = 799\frac{2}{10}$ de fil.

On obtiendra $799\frac{2}{10}$ yards de fil au métier à filer avec 16 onces par yard sur la toile sans fin.

Si 800 yards de fil pèsent 16 onces, quelle longueur faudra-t-il prendre sur la toile sans fin, pour étaler 16 onces d'étoupes, avec les étirages et le nombre de rubans ci-dessous indiqués ?

$$\begin{array}{ll} \text{Etirages :} & 20 \times 10 \times 10 \times 8 \times 6 \\ \hline \text{Rubans :} & 800 \times 10 \times 6 \times 2 \times 1 \end{array}$$

$\frac{1 \times 800}{6} = 133$ yards de mèches.

$\frac{2 \times 13.3}{8} = 33.3$ au second étirage.

$\frac{6 \times 33.3}{10}$ = 20 yards au premier étirage.

$\frac{10 \times 20}{10}$ = 20 yards à la carde.

$\frac{1 \times 20}{20}$ = réponse 1 yard de toile sans fin.

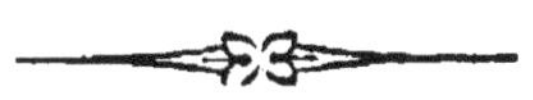

Dans les calculs qui précèdent, on n'a tenu aucun compte du déchet et de la torsion, dont les effets sur le poids du fil sont contraires, et tendent à se neutraliser. Le déchet produit par le cardage, l'étirage, etc., ayant un certain poids, diminue d'autant le poids du bundle, tandis que le raccourcissement l'augmente proportionnellement à la longueur qui a reçu la torsion. Le déchet étant plus ou moins grand, suivant la qualité de la matière première, et la longueur raccourcie par la torsion étant très petite, si l'on trouve que le poids du fil ou plutôt du ruban (car on doit s'en apercevoir avant que de le faire passer au dévidage) est trop léger, parce qu'il a plus perdu par le déchet, qu'il ne paraît devoir gagner par la torsion, il faut augmenter la charge de la balance de la carde, ou si l'on forme l'assortiment, il faut y ajouter la différence. Mais, si l'on trouve que le ruban a plus gagné par la torsion, qu'il n'a perdu par le déchet, il faut déduire un poids égal à la différence.

Le raccourcissement par la torsion est en général de huit à dix pour cent.

Les fils plus gros demandant moins de tours

que les numéros fins, la réduction sera moins élevée. Avec le cardage des grosses étoupes, le déchet dépasse de beaucoup l'augmentation du poids obtenu par le raccourcissement de la torsion ; cette circonstance mérite une attention toute particulière.

Le cardage demande beaucoup de soins : il faut bien secouer l'étoupe pour enlever les nœuds, et l'étaler sur la toile sans fin d'une manière égale et uniforme. Autrement, elle endommagerait la garniture de la carde, par le passage, dans les travailleurs et les déboureurs, des nœuds qu'on n'aurait pas fait disparaître.

On aura pour résultat inévitable un mauvais cardage, si, en cherchant à obtenir de la carde, pour chaque heure de travail, un rendement plus grand qu'elle ne peut donner, on met sur la toile sans fin une charge trop forte qui remplit alors le tambour, les travailleurs et les déboureurs, de manière à couvrir les dents ; il en résulte alors que l'étoupe passe dans la machine sans en avoir subi l'action, que la séparation et le parallélisme ne s'accomplissent pas, que le ruban sorti est irrégulier et variable en poids, d'un yard à l'autre.

De plus, si les rouleaux fournisseurs sont trop éloignés du gros tambour, ils sont bien vite bourrés, et l'action du tambour sur ces rouleaux devient impuissant.

Si les travailleurs et les déboureurs ne sont pas disposés convenablement, on aura un mauvais cardage et un ruban irrégulier. Bien que les rubans s'égalisent dans une certaine mesure, en passant par les étirages et les bancs-à-broches, ils ne perdent jamais complètement les traces d'un cardage défectueux.

Un mauvais cardage est souvent le résultat du mauvais état de la garniture. Si on ne la répare pas, l'étoupe passera sur les parties endommagées, sans être cardée, ou bien, elle se nouera, ce qui produira des boutons dans le ruban et gâtera le fil. Il faut donc que la carde soit souvent nettoyée en faisant sortir entièrement toute l'étoupe, de cette manière, on verra s'il y a des nœuds sur le tambour ou sur d'autres parties de la machine ; si une dent a été couchée, il faudra la redresser avec un petit tube en tôle. Faute d'une surveillance attentive à découvrir ces accidents, et à les faire disparaître, on ne pourra pas obtenir un bon cardage, et même avec des étoupes de qualité supérieure, on ne produira que des fils d'une qualité inférieure.

Il faut examiner aussi la qualité de l'étoupe pour juger du cardage qu'elle doit subir. Si les étoupes sont fortes et grosses, il faut les carder plus que les étoupes courtes et souples ; si les étoupes sont propres et ouvertes, il ne faut les carder que le temps nécessaire pour ouvrir et séparer les fibres. La carde, en effet, n'a pas autre chose à faire, elle ne doit ni rompre, ni raccourcir les étoupes.

En faisant passer rapidement l'étoupe dans la carde, la qualité cardée sera plus grande ; en outre, le fil sera plus fort, il aura une plus belle apparence et ressemblera plus au fil de lin. Par un cardage prolongé, le fil s'affaiblit, a une moins belle apparence, et se trouve moins propre à faire chaîne au tissage.

DES ÉTIRAGES.

On a maintenant à s'occuper des étirages. Les rouleaux de bois opérant la pression sur ces métiers doivent être l'objet d'une attention toute particulière ; car la matière qui passe sous ces rouleaux peut s'y enrouler, si le surveillant ou l'ouvrier n'est très soigneux ; il en résulte alors que le bois se creuse à la surface, que les rouleaux deviennent mauvais et qu'il faut les tourner à nouveau. Dans le cas où l'enroulement est léger, il faut enlever ces filaments avec un crochet et les mettre au rebut. La propreté est la meilleure manière d'empêcher cet inconvénient de se produire. Le rouleau de pression tire son nom du poids faisant pression sur son axe, ce poids doit toujours être en rapport avec le poids du ruban étiré. Il doit être déterminé par l'effet qu'on veut produire, car, lorsqu'on voit que le ruban s'étire sans se couper, c'est que le poids faisant pression sur le rouleau est assez fort. L'augmentation du poids n'aurait d'autre effet que de fatiguer inutilement le métier et de prendre plus de force au moteur.

Il y a encore une chose importante à observer en ce qui concerne les étirages et les bancs-à-broches : c'est de ne pas charger les Gills de manière à ce que les fibres dépassent la tête des aiguilles, sans cela les fibres ne seraient pas retenues par elles.

Si l'on ne prend pas cette précaution, on aura un ruban irrégulier, dont on pourra découvrir les défectuosités après le filage, et l'on trouvera que le poids du dévidoir subit des variations. Afin d'éviter cet inconvénient, nous allons indiquer la manière de trouver le poids exact qu'on devra faire passer sur les aiguilles d'étirage par heure.

Règle. — Multipliez la longueur (en pouces) du Gill par 100, et divisez par le numéro qu'on veut produire. Le quotient donnera le poids (en livres) qu'on devra faire passer sur un Gill par heure, et pour un premier étirage.

Exemple. — Quel poids d'étoupe en rubans faut-il faire passer sur un Gill par heure, le Gill ayant trois pouces de longueur, et 25 étant le numéro qu'on veut produire ?

$$\frac{3 \times 100}{25} = 12 \text{ livres par heure.}$$

Un métier fonctionne avec des Gills de 2 pouces $\frac{1}{4}$ de long, 90 est le numéro qu'on veut produire, quel est le poids sorti par heure ?

$$\frac{2\frac{1}{4} \times 100}{90} = 2 \text{ livres } \frac{1}{2} \text{ par heure.}$$

S'il y avait quatre Gills par tête, il faudrait multiplier le poids trouvé par ce nombre. Exemple : supposez 4 Gills par tête. On aura $4 \times 2\frac{1}{2} = 10$ livres par heure pour une tête d'étirage.

DU LAMINAGE.

Divisez le produit des dents de tous les commandés, multiplié par le diamètre de l'étireur, par le produit des dents de tous les commandeurs, multiplié par le diamètre du fournisseur.

Exemple. — Quel sera l'étirage d'un métier ayant les engrenages suivants, et celui d'un métier appelé en anglais *commun link* ou *chain sheet?*

$$\frac{40 \times 60 \times 30 \times 3 \text{ diam. de l'étireur.}}{20 \times 30 \times 18 \times 2 \text{ diam. du fournisseur.}} = \text{ét. de } 10$$

On a un étirage de 10, multipliez ensuite l'étirage trouvé par le pignon de rechange 30, et vous aurez un nombre constant pour ce métier, de sorte que l'étirage pourra se calculer facilement par une simple division.

Exemple. — Quel sera le nombre constant pour le métier ci-dessus, l'étirage étant de 10 et le pignon de rechange ayant 30 dents ?

$$10 \times 30 = 300 \text{ (réponse).}$$

Si 300 est le nombre constant pour un métier, de quel pignon faudra-t-il se servir pour produire un étirage de 12 ?

$$\frac{300}{12} \quad \text{Réponse 25 pour le pignon.}$$

MÉTIER A VIS.

Le métier à vis est plus difficile à conduire que le métier à chaîne, ou circulaire ou tambour, parce que le montage en est plus compliqué au métier à vis, il y a un arbre horizontal faisant mouvoir les vis qui commandent les barrettes; aux extrémités de cet arbre sont fixés des pignons, et c'est cet arbre qui commande le fournisseur.

Il y a des métiers où le pignon de rechange est fixé sur l'étireur, d'autres où il est fixé sur l'arbre de derrière. Dans les deux cas, les effets produits par le pignon sur l'étirage ne sont pas les mêmes. Lorsque le pignon de rechange est fixé sur l'étireur, l'étirage est d'autant plus grand que le pignon est plus petit.

Mais si le pignon de rechange est fixé sur l'arbre de derrière, l'effet est différent, puisque l'étirage est d'autant plus grand, que le nombre de dents du pignon est plus grand. Par conséquent, lorsque le pignon de rechange est sur l'étireur, la roue de l'arbre de derrière devient un intermédiaire.

En donnant un exemple, on comprendra mieux la différence de ces deux dispositions.

Quel sera l'étirage d'un métier monté de la manière suivante, et le pignon de rechange étant fixé à l'extrémité du débiteur ?

Exemple. — Premier pignon, 30; roue de l'arbre de derrière, 44; pignon de l'arbre, 20 dents; tête de cheval, 60; pignon de la tête de cheval, 16; pignon de l'étireur, 40; étireur, pouces de diamètre; rouleau fournisseur, 2 pouces.

$$\frac{44 \times 60 \times 40 \times 3}{30 \times 20 \times 16 \times 2} = 16\tfrac{5}{10}$$

Si l'on veut avoir un étirage plus grand, il

faut mettre un pignon plus petit ; alors, il fau
réduire le pignon 30.

Quel sera l'étirage d'un métier à vis, monté d
la manière suivante, avec le pignon de rechang
sur l'arbre de derrière ?

Exemple. — Pignon de rechange, 44 ; pre
mier pignon, 30 ; pignon de l'arbre, 20 ; tête d
cheval, 60 ; pignon de la tête de cheval, 16
étireur, 3 pouces de diamètre ; fournisseur,
pouces.

Ici, l'engrenage est exactement le même qu
dans l'exemple précédent, mais le pignon d
rechange est sur l'arbre de derrière (il a 4
dents) ; par conséquent, pour diminuer l'étirage
il faut mettre un pignon plus petit ; pour l'aug
menter, il faut mettre un pignon plus grand.

Dans les exemples qui précèdent, nous avon
montré la manière de trouver le nombre consta
pour un métier, lorsque le pignon de rechang
est fixé sur l'étireur : nous allons maintenant in
diquer comment on trouve le nombre constan
pour les métiers dont le pignon de rechange e
sur l'arbre de derrière.

Règle. — Divisez le nombre de dents, conte
nues dans le pignon de rechange, par l'étirag
trouvé, et le quotient sera le nombre constant.

Exemple. — Quel sera le nombre consta
pour un métier, ayant un pignon de rechange d
36 dents sur l'arbre de derrière, l'étirage éta
de 12 ?

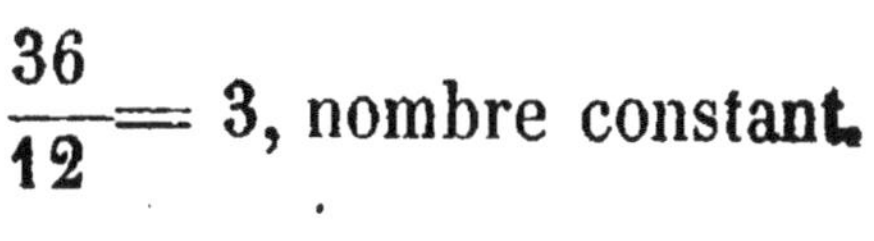

$$\frac{36}{12} = 3, \text{ nombre constant.}$$

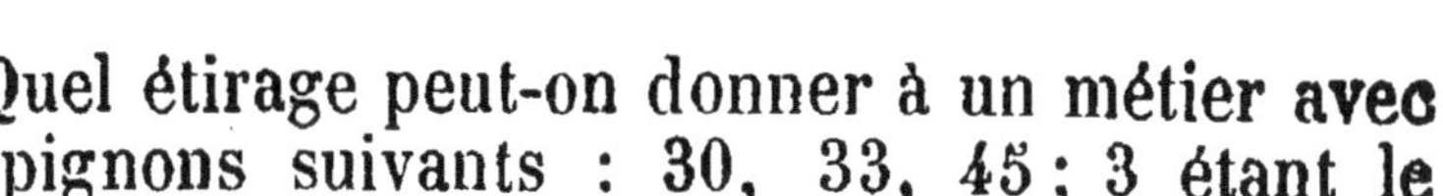

Quel étirage peut-on donner à un métier avec pignons suivants : 30, 33, 45 ; 3 étant le mbre constant ?

$$\frac{30}{3} = \text{ étirage } 10 \qquad \frac{33}{3} = 11 \text{ d'étirage}$$

$$\frac{45}{3} = 15 \text{ d'étirage.}$$

Remarque. — Quel que soit l'étirage cherché, ıltipliez-le par le nombre constant, le produit ınera le pignon.

Quel pignon faut-il mettre sur un métier pour ɔduire 8 d'étirage, 3 étant le nombre constant?

$$8 \times 3 = 24 \text{ pour le pignon.}$$

REMARQUES.

LE MÉTIER A ÉTIRAGES a reçu, depuis peu, un rfectionnement qui consiste en une table ıcée sur le devant de l'étireur.

Cette table, dite diagonale, sert à maintenir le ban dans son trajet de l'étireur au rouleau devant. Cette table étant divisée par des ıgonales, en autant de parties qu'il y a de uleaux sur le métier, les rubans, quel qu'en it le nombre, peuvent être dirigés de manière à être reçus dans un ou plusieurs pots. Ce système permet de se passer du grand nombre de pots dont on serait obligé de se servir, si, comme anciennement, chaque rouleau fournissait un ruban séparé. En outre, on a plus de doublages avec un nombre de pots plus restreint.

C'est là un véritable perfectionnement, car au moyen de la table diagonale, le ruban tombe dans le pot avec toute la largeur qu'il a en sortant du rouleau.

Anciennement, on se servait d'un conduit, dont l'ouverture resserrée comprimait le ruban, et en rendait les bords beaucoup plus épais que le milieu ; d'autres conduits du même genre ressemblaient à un entonnoir ; aussi, le ruban en y passant, s'arrondissait et s'étirait difficilement, quand on le livrait à la machine suivante. En se servant de la table diagonale, tous ces inconvénients disparaissent, et le ruban tombe dans les pots sans être déformé.

Règle pour trouver le nombre de rubans qu'une machine fournira à une autre.

La vitesse du rouleau de devant des machines fournissant les rubans, est à la vitesse du rouleau de devant des machines qu'on a à alimenter, comme l'étirage de la seconde machine est au nombre de rubans fournis.

Exemple. — Combien de rubans une carde fournira-t-elle pour un second étirage, la vitesse du rouleau de la carde étant de 30 tours par minute, son diamètre de 3 pouces, la vitesse du rouleau du 1er étirage étant de 40 tours par minute, son diamètre 2 pouces $\frac{1}{4}$, l'étirage, 12?

$$\frac{30 \times 3 \times 12}{40 \times 2\frac{1}{4}} = 12 \text{ rubans.}$$

Cet exemple montre que la carde fournirait quatre rubans par tête à un étirage de trois têtes.

Combien de rubans un premier étirage fournirait-il à un second étirage, le diamètre du rouleau de devant étant de 2 pouces $\frac{1}{4}$, sa vitesse de 40 tours par minute, la vitesse du rouleau de devant du 2me étirage étant de 30 tours par minute, son diamètre de 2 pouces et l'étirage de 10?

$$\frac{40 \times 2.25 \times 10}{30 \times 2} = 15 \text{ rubans.}$$

Si le cylindre étireur d'un second étirage a une vitesse de 30 tours par minute, et un diamètre de 2 pouces, avec trois têtes fournissant chacune un ruban, combien de broches du banc-à-broches alimentera-t-il, le banc-à-broches ayant une vitesse de 60 tours par minute, un cylindre étireur de 2 pouces de diamètre et un étirage de 12?

$$\frac{30 \times 2 \times 12 \times 3}{60 \times 2} = 18 \text{ rubans.}$$

Remarque. — Comme on perd beaucoup de temps au banc-à-broches par des chômages inévitables, pendant que l'étirage fonctionne, les broches que nous venons de trouver seraient largement alimentées par le métier à étirages, qui a servi à notre dernier calcul.

BANC-A-BROCHES.

Il n'y a aucune différence entre le banc-à-broches et l'étirage, en ce qui concerne la manière de produire l'étirage, il est donc inutile de donner de nouveaux exemples ; mais comme il faut donner à la mèche un certain degré de torsion par pouce, nous allons montrer, par des exemples, comment se fait le calcul de cette torsion sur les métiers dits *Drags*.

Divisez le produit du diamètre de la poulie de commande, et du diamètre du cylindre, par le produit du diamètre du tambour et du diamètre de la noix de la broche ; multipliez par la circonférence de l'étireur. Le quotient donnera la torsion par pouce à donner à la mèche.

Exemple. — Quelle torsion faut-il donner à la mèche, le métier étant disposé de la manière suivante :

Poulie de commande, 14 pouces ; poulie du cylindre, 6 pouces ; diamètre du tambour, 9 pouces ; noix de la broche, 2 pouces de diamètre ; circonférence de l'étireur, 7 pouces (ou 2 pouces $\frac{1}{4}$ de diamètre).

$$\frac{14 \times 9}{6 \times 2 \times 7} = 1\tfrac{1}{2} \text{ torsion par pouce.}$$

Remarque. — Toutes les fois qu'on veut augmenter la torsion par pouce, il faut mettre une poulie plus petite sur le tambour ; si on veut la diminuer, il faut mettre une poulie plus grande.

Il est maintenaut indispensable de savoir calculer les circonférences des cylindres pour trouver les torsions. Une règle ou deux ne seront pas déplacées, pour rendre cette opération familière à ceux qui ne connaissent pas ces calculs.

1re *Règle.* — Multipliez le diamètre par 22, et divisez le produit par 7, le quotient donnera la circonférence.

Exemple. — Quelle est la circonférence d'un rouleau, dont le diamètre est de quatre pouces?

$$\frac{4 \times 22}{7} = 12.57 \text{ pouces.}$$

Si un diamètre a 2 pouces $\frac{1}{4}$, quelle est la circonférence ?

$$\frac{2,25 \times 22}{7} = 7 \text{ pouces circonférence.}$$

2e *Règle.* — Multipliez le nombre 3.1416 par le diamètre, en retranchant quatre chiffres sur la droite, le produit donnera la circonférence.

Exemple. — Quelle est la circonférence d'un rouleau ayant un diamètre de 4 pouces?

$$\begin{array}{r} 3.1416 \\ 4 \\ \hline 12.5664 \end{array} \text{ circonférence.}$$

Si le diamètre d'un rouleau est de deux pouces $\frac{1}{4}$, quelle est la circonférence ?

$$\begin{array}{r} 3.1416 \\ 2\frac{1}{4} \\ \hline 6.2832 \\ 7854 \\ \hline 7,0686 \end{array} \text{ circonférence.}$$

La circonférence étant donnée, trouver le diamètre.

Règle. — Multipliez la circonférence par 7, et divisez le produit par 22, le quotient donnera le diamètre.

Exemple. — Une circonférence a 11 pouces, quel est le diamètre ?

$$\frac{11 \times 7}{22} = 3 \text{ pouces } \tfrac{1}{2} \text{ de diamètre.}$$

TABLEAU DE CIRCONFÉRENCES,

CALCULÉES D'APRÈS DES DIAMÈTRES, VARIANT D'UN QUART DE POUCE, DE UN A SIX POUCES.

Diamètre	Circonférence.	Diamètre	Circonférence.	Diamètre	Circonférence.	Diamètre	Circonférence
1	3,14	$2\frac{1}{4}$	7,06	$3\frac{1}{2}$	10,99	$4\frac{3}{4}$	14,91
$1\frac{1}{4}$	3,92	$2\frac{1}{2}$	7,85	$3\frac{3}{4}$	11,77	5	15,70
$1\frac{1}{2}$	4,71	$2\frac{3}{4}$	8,63	4	12,56	$5\frac{1}{4}$	16,48
$1\frac{3}{4}$	5, 5	3	9,42	$4\frac{1}{4}$	13,34	$5\frac{1}{2}$	17,27
2	6,28	$3\frac{1}{4}$	10,20	$4\frac{1}{2}$	14,13	$5\frac{3}{4}$	18,05

Il est plus difficile de calculer la torsion sur le banc-à-broches à cône, que sur le métier à drags, parce que le montage en est très-compliqué.

Le cylindre reçoit aussi son mouvement des roues commandées par l'arbre moteur du métier, lequel fait tourner les broches et les pignons qui portent les bobines. Pour trouver la torsion à donner à la mèche par pouce, sur ce métier, il faut d'abord connaître la vitesse des broches par minute.

Le mouvement des broches s'opère au moyen d'une roue fixée sur l'arbre moteur et commandant, par un intermédiaire, une roue placée sur l'arbre de commande des broches, sur le devant du métier. Cet arbre de commande des broches a, pour chaque broche, une roue conique, qui s'engrène sur le pignon de la broche. Quand on connaît le nombre exact de dents de chaque roue, et la vitesse de l'arbre moteur par minute, on peut calculer avec une grande précision la vitesse des broches.

Règle. — Multipliez les dents du pignon de torsion par sa vitesse par minute, et ce produit par le nombre de dents de la roue fixée sur l'arbre de commande des broches ; ce deuxième produit servira de dividende.

Multipliez ensuite le nombre de dents de la roue fixée à l'extrémité de l'arbre de commande des broches, par les dents du pignon de la broche. Ce produit servira de diviseur. Le quotient donnera la vitesse de la broche par minute.

Exemple. — Quelle sera la vitesse des broches par minute, si l'arbre moteur fait 150 tours?

Pignon de torsion, 48 dents; roue conique, 24 ; roue de l'arbre, 30 ; pignon de la broche, 18.

$$\frac{150 \times 18 \times 30}{18 \times 24} = 500 \text{ tours par minute pour la vitesse de la broche.}$$

La vitesse des broches par minute étant connue, il faut chercher celle du cylindre, pour trouver la torsion qu'on doit donner à la mèche par pouce.

Le pignon de torsion est fixé à l'extrémité de l'arbre moteur qui, comme nous l'avons vu, commande les broches. Ce pignon commande au moyen d'intermédiaire la roue fixée à l'extrémité du cylindre, et sert à obtenir sa vitesse par minute.

Règle. — Multipliez le nombre de dents du pignon de torsion par la vitesse de ce pignon par minute, et divisez le produit par le nombre de dents de la roue du cylindre étireur ; le quotient donnera la vitesse du cylindre par minute. Alors multipliez le dernier quotient par la circonférence du cylindre en pouces, et divisez par ce produit la vitesse des broches ; le quotient donnera la torsion qu'on devra donner à la mèche par pouce.

Exemple. — Quelle sera la torsion qu'on donnera à la mèche, la vitesse de l'arbre étant de 150 tours par minute, le pignon de torsion ayant 30 dents ; la roue du cylindre étireur ayant 90 dents ; la circonférence du cylindre étant de 7 pouces, et les broches ayant une vitesse de 500 tours par minute ?

$$30 \times 150 = 4500$$

on a alors $4500 \div 90 = 50$ tours du cylindre
et $50 \times 7 = 350 \div 500 = 1.43$
torsion par pouce de la mèche.

Remarque. — Au moyen de la règle ci-dessus indiquée, par laquelle on détermine la vitesse du cylindre, on trouve aussi la vitesse de l'étireur, des étirages montés d'après le système à vis ou Spirale.

Trouver le pignon de torsion par la racine carrée en passant d'un numéro à un autre.

Règle. — Faites le carré des dents contenues dans le pignon correspondant à un numéro déterminé de mèches, et dites : le pignon donné est à la torsion trouvée, comme la torsion demandée est au pignon cherché. Faites l'extraction de la racine carrée du dernier quotient, et cette racine sera le pignon cherché.

Exemple. — Un métier produit le numéro 90 avec un pignon de torsion, 30 dents ; quel pignon faudra-t-il pour le numéro 120 ?

```
       90 : 30 : : 120
            30
           ---
           900
            90
       -------
  120) 81000 (675
        720
        ----
         900
         840
        ----
         600
         600
        ----
racine de 675 √ (26 pignon)
          4
        ----
     46) 275
         276
```

Le métier à cône a une crémaillère qu'on recule chaque fois qu'on enlève les bobines pleines, cette crémaillère avance d'une dent à chaque mouvement que le chariot fait vers la base du cône, et entraîne une poulie tournant sur un petit arbre à rainures, lequel fait mouvoir le cône et le chariot au moyen de courroies. C'est de ce cône que le métier tire son nom.

Au commencement de chaque levée, la courroie est ramenée avec la crémaillère vers le petit diamètre du cône, et à chaque course du chariot, le jeu d'un cliquet permet à la crémaillère de reculer avec la courroie, pour se rapprocher de la base du cône. Le nombre de dents de la crémaillère correspond à la grosseur de la mèche et au numéro qu'on veut obtenir ; la bobine tourne moins vite à chaque course du chariot, et la mèche s'y enroule en couches régulières jusqu'à ce qu'elle soit pleine.

Quand on fait une mèche fine, il faut se servir d'une crémaillère ayant plus de dents que celle dont on se servirait pour une mèche devant produire un bas numéro. En effet, une mèche fine augmente moins qu'une grosse le diamètre de la matière sur la bobine à chaque mouvement du chariot, et la courroie a moins à se rapprocher de la base du cône.

Certains métiers ont un index à la place de la crémaillère, mais comme cet index remplit le même but, il est inutile d'en faire la description.

On doit changer la crémaillère quand on passe d'un numéro à un autre, s'il y a une grande différence entre ces numéros.

Supposons qu'un métier produise une mèche pour le numéro 30, et qu'on veuille faire produire à cette mèche le numéro 50, la crémaillère pour le numéro 30 ayant 48 dents.

Règle. — Faites le carré des dents de la crémaillère qui se trouve sur le métier ; multipliez-le par le numéro à produire, et divisez par le numéro qui se produit ; faites l'extraction de la racine carrée du quotient, et vous aurez la crémaillère dont vous avez besoin.

$$\frac{50 \times 48 \times 48 \quad = 115200}{\div\ 30 = \sqrt{3840} = \quad 62 \text{ dents.}}$$

Lorsque la crémaillère a un trop petit nombre de dents pour le numéro, la mèche court sur la bobine au lieu de s'y enrouler d'une manière régulière. On a alors une mèche molle et défectueuse, qui cause beaucoup d'embarras à la banc-brocheuse et à la fileuse.

Il arrive quelque fois qu'on veut faire produire à un métier un numéro pour lequel on n'a pas une crémaillère convenable ; dans ce cas, on y pourvoit, en changeant le pignon du chariot. Ce pignon est fixé à la partie inférieure du métier ; il agit sur le cône et a pour effet d'accélérer ou de retarder la vitesse du chariot.

Supposons qu'on ait besoin d'une crémaillère de 37 dents, et que celle dont on dispose ait 42 dents ; dans ce cas, on devra changer le pignon du chariot pour rendre la différence moins sensible.

On trouve le pignon par les proportions.

Exemple. — On a besoin d'une crémaillère de 37 dents, mais celle dont on dispose n'a pas moins de 42 dents. Quel pignon faudra-t-il mettre pour contre-balancer la différence de la crémaillère, le pignon du chariot ayant 23 dents ?

$$\frac{42 \times 23}{37} = 26 \text{ dents.}$$

Or, en ajoutant, comme on vient de le faire, trois dents au pignon, la vitesse du chariot devient plus grande. Par conséquent, la mèche s'enroule sur la bobine en s'espaçant de plus en plus.

BANC-A-BOBINES.

Les bancs-à-bobines sont plus nouveaux que les bancs-à-broches avec cône. Ils n'ont point de broches, et par conséquent, ils ne donnent pas de torsion au ruban.

Les Gills ou les têtes de ces métiers ont absolument la même forme que ceux des bancs-à-broches à cône, aussi l'étirage s'obtient-il de la même manière. En comparant ces deux genres de métiers, on trouve cependant une différence notable dans les autres parties.

Dans le banc-à-bobines, elles sont rangées en lignes horizontales sur un cylindre de fer (ayant un diamètre de trois pouces environ), qui le fait mouvoir. Le ruban après avoir quitté l'étireur, traverse un bac contenant de l'eau, puis il s'enroule une fois sur un cylindre de 2 à 4 pieds de diamètre environ ; chauffé par la vapeur après avoir quitté le cylindre, il s'enroule sur la bobine, étant guidé par un fil métallique; la vitesse de la bobine correspond exactement à celle du cylindre.

On gagne à se servir de ces métiers tout le temps qu'on passe à faire les levées sur le banc-à-broches à cône. Avec les machines dont nous

nous occupons, on enlève les bobines pleines, et on les remplace sans être obligé de suspendre la marche du métier.

Il y a encore avec ces métiers un avantage que n'offre pas le banc-à-broches à cône. C'est que si un ruban vient à se rompre derrière le métier, on peut le rattacher quand on veut, et sans inconvénient pour la préparation.

Avec le banc-à-broches à cône (*), au contraire, si une mèche se casse et qu'on néglige de la rattacher, pendant quelques courses du chariot, il faut attendre que les bobines soient pleines, et la levée faite, on recommence à retravailler comme les autres. Cela vient de ce que la crémaillère s'est rapprochée de plusieurs dents de la base du cône, et que l'enroulement sur la bobine ayant été interrompu, son diamètre n'est plus en rapport avec les courses effectuées par le chariot.

Le travail des rubans fournis par le banc-à-bobines doit se faire avec le plus grand soin, ces rubans n'ayant pas de torsion; car, s'ils s'échauffent et se déforment, si les bouts sont rentrés ou perdus, tous les efforts qu'on pourra faire pour réparer le dommage ne serviront à rien, et on aura beaucoup d'embarras et de déchets.

Le ruban ainsi préparé se file principalement sur des métiers à eau froide, car n'ayant pas de torsion, il se décomposerait dans l'eau chaude et n'aurait plus assez de consistance pour arriver jusqu'au fournisseur.

(*) Cette machine est abandonnée par le filateur français et anglais à cause de son coût et de son peu de produit.

MÉTIERS A FILER.

Il y a deux sortes de métiers pour le filage du lin long ou coupé et de l'étoupe : les métiers avec les grands écartements, et les métiers à eau chaude.

Les métiers avec les grands écartements sont disposés d'une manière particulière pour les gros numéros, dont le filage se fait avec de grands étirages et de plus grands écartements que ceux dont on se sert pour le filage à l'eau chaude. Ces métiers ont, sous les rouleaux de pression, de petits bacs mobiles contenant de l'eau froide. Un morceau de grosse étoffe de laine imbibée d'eau communique par la pression une humidité constante au rouleau : c'est ce qu'on appelle la filature à eau froide. Quand le métier fonctionne sans eau dans les bacs, c'est la filature à sec. Dans les deux cas, on se sert ordinairement de ces métiers pour le fil à cordonnier ou autres gros fils.

On emploie les métiers à eau chaude pour les numéros plus fins ; c'est-à-dire, pour les numéros fournis par les étoupes de première qualité, ou les lins coupés, dont le filage au moyen des autres métiers, donnerait des numéros moins fins.

Il y a, dans la disposition de ces deux sortes de métiers, certaines différences, dont voici les principales, en ce qui concerne le métier à filer à l'eau chaude. L'eau chaude est contenue dans un bac très large. La mèche du banc-à-broches traverse le bac et se décompose avant de passer sous le fournisseur. Après avoir reçu l'étirage, entre les rouleaux, elle est réduite à l'état de filaments jusqu'à ce quelle reçoive la torsion qu'on donne au fil par pouce, suivant sa finesse. L'étirage est moins difficile à obtenir avec le métier à filer qu'avec les étirages et le banc-à-broches. Le calcul de la torsion est aussi des plus simples et des plus faciles (malgré sa très grande importance). Les rouleaux des métiers à filer à eau chaude doivent toujours être cannelés, suivant le numéro qu'on se propose de filer.

C'est un principe qu'on n'observe pas toujours dans la pratique. Les rouleaux opérant la pression sont de buis ou de Gutta-Percha, cannelés de la même manière que le cylindre du métier ; ces cannelures s'altèrent et s'usent à la longue, et produisent un mauvais fil quand on persiste à s'en servir, sans qu'elles soient en bon état. Le fil produit dans ces conditions sera vrillé, c'est ce que les filateurs anglais appellent « du fil grognon », il n'est bon qu'à mettre au rebut, ou du moins, il n'est pas propre à la vente. Une autre cause de mauvais filage, c'est l'insuffisance de vapeur pour produire la décomposition de la mèche, à son passage dans l'eau du bac, avant d'atteindre le fournisseur. La décomposition se faisant mal, le fil est mauvais ; avec des soins et de l'attention, de la part du surveillant de la filature, il évitera ces deux causes de mauvais filage.

CALCULS DES MÉTIERS DE FILATURE.

Calculer l'étirage du métier à filer.

Règle. — Multipliez le pignon de rechange et le pignon du cylindre l'un par l'autre, et le produit ainsi obtenu, par le diamètre du fournisseur. Divisez par ce nombre le produit des dents de la tête de cheval et de la roue de l'étireur multiplié par son diamètre, le quotient donnera l'étirage du métier.

Exemple. — Si un métier à filer a une tête de cheval de 60 dents et un pignon de 30 dents, une roue de cylindre de 60 dents, un pignon de rechange de 20 dents, le diamètre du fournisseur étant de 1 pouce $\frac{1}{2}$, et le diamètre de l'étireur de 2 pouces, quel est l'étirage ?

$$\frac{60 \times 60 \times 2}{20 \times 30 \times 1\frac{1}{2}} = 8 \text{ d'étirage.}$$

Un métier à grands écartements fonctionne avec un étireur de 3 pouces de diamètre, un fournisseur de un pouce de diamètre, ayant une roue de 36 dents commandant un double pignon de tête de cheval de 18 dents, une roue de 54 dents, un pignon de rechange de 18 ; quel sera l'étirage ?

$$\frac{36 \times 54 \times 3}{18 \times 18 \times 2} = 9 \text{ d'étirage.}$$

Calculs de l'étirage de filature pour tous les numéros, le poids de la mèche étant donné pour un certain nombre de yards.

Règle. — Multipliez le poids en drams de 100 yards de mèches par 600, et divisez le produit par 16 ; divisez le dernier quotient ainsi obtenu par les onces du bundle ; le dernier quotient donnera l'étirage cherché du métier à filer.

Exemple. — Si 100 yards de mèches pèsent 12 drams pour produire le numéro 50, ou 64 onces par bundle, quel doit être l'étirage du métier à filer?

$$\frac{12 \times 600}{16 \times 64} = 7 \text{ d'étirage.}$$

Si la mèche doit produire de gros numéros, et si elle est pesée en onces, il faut retrancher le diviseur (16), c'est ce qu'on verra dans l'exemple qui suit. On peut aussi diviser la mèche une première fois par 16, et une seconde fois par le poids du bundle. Cette dernière méthode est préférable quand on opère sur des fils pesant un grand nombre de livres au bundle.

Exemple. — Si une mèche de 100 yards pèse 3 onces $\frac{1}{4}$, quel sera l'étirage du métier à filer pour produire un fil de 14 livres au bundle?

$$\frac{3\frac{1}{4} \times 600}{16 \times 14} = 8\tfrac{7}{10} \text{ d'étirage.}$$

Le nombre 600 donné pour multiplicateur est la centième partie de 60000 yards, l'équivalent de 100 yards étant le tiers d'une échevette.

Autre méthode. — Calculer l'étirage de filature d'après le poids de 100 yards.

Règle. — Multipliez le nombre 37.5 par le poids en drams contenus dans 100 yards de mèches, et divisez le produit par le poids en onces du bundle, le quotient donnera l'étirage.

Exemple. — Quel sera l'étirage du métier à filer pour produire quatre livres de fil par bundle, si 100 yards de mèches pèsent 12 drams?

$$\frac{37.5 \times 12}{64} = 7 \text{ d'étirage.}$$

On obtient le nombre (37.5) en divisant les yards d'une échevette par huit ; ce nombre est donc le 8me de 300.

Trouver les échevettes (par bundle) produites par un certain poids de mèches, l'étirage de filature étant donné.

Règle. — Multipliez le nombre 85.3 par l'étirage du métier à filer, et divisez le produit par le poids de 100 yards de mèches en drams; le quotient donnera le nombre d'échevettes par livre qu'il produira.

Exemple. — Si 100 yards de mèches pèsent 12 drams, et doivent être filés avec un étirage de 7, combien d'échevettes par livre produiront-ils ?

$$\frac{85.3 \times 7}{12} = 50 \text{ échevettes environ.}$$

Remarque. — Le nombre 85.3 est le tiers des drams contenus dans une livre, de même que

100 yards sont le tiers d'une échevette. On obtient ce nombre en divisant 256 par 3. (*)

Trouver le poids du bundle que tout poids de 100 yards de mèches produira, l'étirage de filature étant indiqué.

Règle. — Multipliez le poids de 100 yards de mèches en drams par 600, et divisez le produit ainsi obtenu par les drams (contenus dans une livre) multipliés par l'étirage du métier à filer; le quotient donnera le poids du bundle produit par les 100 yards de mèches.

Exemple. — Quel sera le poids du bundle produit par une mèche pesant 12 drams par 100 yards, si l'on donne à cette mèche un étirage de 7 au métier à filer ?

$$\frac{600 \times 12}{7 \times 256} = 4 \text{ livres par bundle.}$$

Si la mèche pèse un certain nombre d'onces par 100 yards, au lieu de multiplier 600 par les drams, multipliez ce dernier nombre par les onces. Ce produit sera le diviseur. Multipliez le produit de l'étirage de filature par 16 (onces contenues dans une livre). Ce deuxième produit

(*) $\frac{255}{9}$ drams forment une livre.

$\frac{511}{8}$ drams forment environ un kilogramme.

servira de dividende. Le quotient donnera le poids cherché du bundle.

Exemple. — Si 100 yards de mèches pèsent 3 onces $\frac{1}{4}$, combien le buudle qu'ils produiront pèsera-t-il, le filage se faisant avec $8\frac{7}{10}$ d'étirage ?

$$\frac{600 \times 3\frac{1}{4}}{8.7 \times 16} = 14 \text{ livres pour le bundle.}$$

Manière de trouver l'étirage de filature pour un numéro quelconque, le poids du bundle et le nombre de yards contenus dans une once de mèches étant donnés.

On divise 60000 (nombre de yards contenus dans le bundle) par le produit des onces du bundle et des yards de mèches par once ; le quotient donnera l'étirage de filature cherché.

Exemple. — Si 117 yards de mèches pesant une once doivent être filés pour un bundle pesant 4 livres, quel étirage faudra-t-il donner au métier à filer pour produire le poids désiré ?

$$\frac{60000}{117 \times 64} = 8 \text{ d'étirage.}$$

Si le numéro seulement est donné sans le poids, il faudra opérer de la manière suivante.

Règle. — Multipliez le numéro donné par 300, et divisez le produit ainsi obtenu par les yards d'une once de mèches multipliés par 16. Le quotient donnera l'étirage de filature cherché.

Exemple. — Si 117 yards de mèches pesant une once doivent être filés pour produire le numéro 50, quel étirage faudra-t-il donner au métier à filer ?

$$\frac{300 \times 50}{147 \times 16} = 8 \text{ d'étirage de filature.}$$

Si l'on veut obtenir le numéro 80 avec une mèche ayant 150 yards par once, quel sera l'étirage du métier à filer ?

$$\frac{300 \times 80}{150 \times 16} = 10 \text{ d'étirage de filature.}$$

Il faut se rappeler que dans les calculs précédents on n'a tenu aucun compte du raccourcissement par la torsion, pouvant s'évaluer de huit à dix pour cent. Comme dans l'exemple qui précède, on a trouvé 10 pour l'étirage, on devra prendre huit pour cent pour le raccourcissement, et donner au métier à filer un étirage de 10.8 pour avoir le poids exact du bundle.

TABLEAU INDIQUANT LES YARDS PAR ONCE DE MÈCHES

RÉDUCTION DE 8 POUR CENT POUR LE RACCOURCISSEMENT PAR LA TORSION DE 2 A 200 ÉCHEVETTES, ÉTIRAGES DE 5 A 12.

Etirages de Filature.	2	3	4	5	6	7	8	9	10	12	14	16	18	20	22	25	28	30	35	40	45
5	8	12	16	20	24	28	32	36	40	48	56	64	72	80	88	100	112	120	140	160	180
6	6¾	10	13½	16½	20	23¼	26¾	30	33¼	40	46¾	53¼	60	66¾	73¼	83	93	100	117	134	150
7	5¾	8½	11½	14¼	17	20	22¾	25¾	28½	34¼	40	45¾	51½	57	63	71	80	86	100	114	129
8	5	7½	10	12½	15	17½	20	22½	25	30	35	40	45	50	55	62	70	75	87	100	113
9	4½	6½	9	11	13¼	14½	17¾	20	22	26½	31	35½	40	44	49	55	62	67	78	89	100
10	4	6	8	10	12	14	16	18	20	24	28	32	36	40	44	50	56	60	70	80	90
11	3¾	5½	7¼	9	11	12¾	14½	16¼	18	22	25¼	29	33	36¼	40	46	51	55	64	73	82
12	3¼	5	6¾	8¼	10	11¾	13½	15	16½	20	23	26¾	30	33¼	37	42	47	50	58	67	75

Etirages de Filatures.	50	55	60	65	70	75	80	85	90	95	100	110	120	130	140	150	160	170	180	190	200
5	200	220	240	260	280	300	320	340	360	380	400	440	480	520	560	600	640	680	720	760	800
6	166	183	200	217	232	250	267	283	300	317	333	367	400	433	467	500	533	567	600	633	666
7	143	157	172	186	200	214	228	242	257	271	285	314	343	371	400	427	457	486	514	543	571
8	125	138	150	163	175	188	200	212	225	237	250	275	300	325	350	375	400	425	450	475	500
9	111	122	133	145	156	167	178	189	200	211	222	244	266	289	311	333	355	378	400	422	444
10	100	110	120	130	140	150	160	170	180	190	200	220	240	260	280	300	320	340	360	380	400
11	91	100	109	118	128	137	146	155	164	173	182	200	218	237	255	273	291	309	327	345	364

La torsion que l'on doit donner au fil par pouce, est en rapport avec le numéro. Elle se calcule de la manière suivante.

Règle. — La racine carrée du numéro désiré, multipliée par 2, donnera la torsion par pouce de ce numéro.

Exemple. — Quelle torsion par pouce faut-il donner au numéro 100 pour que cette torsion soit suffisante ?

$$\sqrt{100} = 10$$
$$\times 2$$
$$\overline{20} \text{ torsion demandée.}$$

Ce résultat peut servir de base pour les calculs se rapportant aux autres numéros.

Nous allons maintenant indiquer la manière de calculer la torsion au métier à filer. L'opération, malgré sa simplicité, n'en est pas moins importante, car il est essentiel que la torsion soit constante et proportionnée au numéro du fil. Ceux qui ne connaissent pas la règle de l'extraction de la racine carrée, éprouvent plus de difficultés à déterminer la torsion convenable pour chaque numéro, qu'à trouver les pignons dont on doit faire usage ; ce n'est, du reste, que par la racine carrée que le calcul de la torsion peut se faire d'une manière exacte. Nous indiquerons cependant une manière de trouver le pignon sans la racine carrée. Cette méthode pourra s'employer pour les gros numéros, ou pour ceux dont la torsion, qui leur est relative, n'est pas rigoureusement nécessaire.

La meilleure manière de trouver la torsion d'un métier, est de multiplier le diamètre du tambour par le nombre de dents du pignon de torsion et de la roue de l'étireur; ce produit servira de dividende. Multipliez ensuite les dents du pignon du tambour et du pignon de rechange par le diamètre de la noix de broche. Ce produit servira de diviseur; divisez ensuite le quotient par la circonférence de l'étireur, le quotient donnera la torsion du fil par pouce.

Exemple. — Quelle sera la torsion du fil par pouce sur un métier disposé de la manière suivante : diamètre du tambour, 9 pouces; roue de torsion, 150 dents; roue de l'étireur, 90 dents; pignon du tambour, 20 dents; pignon de rechange, 40 dents; circonférence de l'étireur, 7 pouces; diamètre de la noix de broche, 1 pouce?

$$\frac{150 \times 90 \times 9}{20 \times 40 \times 1 \times 7} = 21\frac{7}{10} \text{ torsion.}$$

Changer la torsion d'un numéro à un autre par la racine carrée.

Règle. — Multipliez le carré du nombre de dents du pignon par le numéro obtenu, et divisez le produit par le numéro qu'on veut obtenir. La racine carrée du quotient sera le nombre de dents du pignon cherché.

Exemple. — Combien de dents le pignon de rechange devra-t-il avoir pour le numéro 50, s il faut un pignon de 40 dents pour le numéro 120 ?

$$\frac{40^2 \times 120 = 192000}{192000 \div 50 = \sqrt{3840}} = 62 \text{ dents.}$$

Un certain nombre de tours par pouce étant donné, trouver la torsion en changeant de numéro.

Ce calcul ne diffère du précédent que par la substitution du carré de la torsion par pouce au pignon.

Exemple. — S'il faut $21\frac{7}{10}$ de torsion par pouce, pour le numéro 120, combien en faudra-t-il pour le numéro 50 ?

$$\frac{21^2,7 \times 50 = 23494,5}{\div 120 = 195,78 \sqrt{}} = 14 \text{ par pouce.}$$

Pour trouver le pignon de rechange sans la racine carrée, additionnez le nombre obtenu et le numéro qu'on veut obtenir ; multipliez par la somme de ces numéros les dents du pignon de rechange donné ; divisez ensuite ce produit par le numéro demandé multiplié par 2 ; le quotient donnera le nombre de dents du pignon cherché.

Exemple. — Un métier fonctionne avec un pignon de 40 dents pour le numéro 120, combien de dents le pignon devra-t-il avoir pour le numéro 50 au même métier ?

$$\frac{120 \times 50 \times 40}{50 \times 2} = 68 \text{ dents.}$$

Remarque. — On voit clairement par cet exemple que la dernière règle ne saurait s'appliquer au fil fin. Aussi ne la suit-on pas dans les établissements bien dirigés.

Il y a une différence de 6 dents en plus, le nombre exact est 62 dents.

Calculer la vitesse des broches d'un métier à filer.

Règle. — Multipliez la vitesse du tambour (par minute) par son diamètre en pouces, et divisez le produit par le diamètre de la noix de broche : le quotient donnera la vitesse des broches par minute.

Exemple. — Si un tambour fait 300 tours par minute, son diamètre étant de 9 pouces, quelle sera la vitesse des broches, la noix de la broche ayant 1 pouce $\frac{1}{4}$ de diamètre ?

$$\frac{300 \times 9}{1\frac{1}{4}} = 2025 \text{ tours par minute.}$$

Un arbre tourne 211 fois par minute, et porte une poulie de 22 pouces de diamètre commandant un tambour de 9 pouces de diamètre ; quelle sera la vitesse des broches, la noix de la broche ayant 1 pouce de diamètre, et la poulie du tambour, 14 pouces?

$$\frac{211 \times 22 \times 9}{14 \times 1} = 2984\frac{4}{10} \text{ tours.}$$

Un tambour tourne 250 fois par minute; son diamètre est de 10 pouces; le diamètre de la noix de la broche est de 1 pouce, quelle est la vitesse des broches?

$$\frac{250 \times 10}{1} = 2500 \text{ révolutions.}$$

TABLEAU INDIQUANT LES TORSIONS.

Numéros.	Torsion par pouce.	Numéros.	Torsion par pouce.	Numéros.	Torsion par pouce.
2	2,8	22	9,4	85	18,5
3	3,5	25	10,0	90	19,0
4	4,0	28	10,6	95	19,5
5	4,5	30	11,0	100	20,0
6	4,9	35	11,8	110	21,0
7	5,4	40	12,5	120	22,0
8	5,7	45	13,4	130	22,8
9	6,0	50	14,2	140	23,7
10	6,3	55	14,9	150	24,5
12	7,0	60	15,5	160	25,4
14	7,5	65	16,2	170	26,0
16	8,0	70	16,8	180	26,8
18	8,5	75	17,3	190	27,6
20	9,0	80	17,9	200	28,3

Calculer la vitesse de l'étireur par minute.

Règle. — Multipliez les dents du pignon du tambour par sa vitesse, et ce produit par les dents du pignon de torsion ; multipliez le nombre de dents de la roue de torsion par les dents de la roue de l'étireur ; divisez le premier produit par le second, et le quotient donnera la vitesse de l'étireur.

Exemple. — Quelle sera la vitesse par minute de l'étireur d'un métier, si la vitesse du tambour est de 300 tours, avec un pignon de 20 tours ; la roue de torsion ayant 150 dents ; le pignon de rechange, 40 dents ; et la roue de l'étireur, 90 dents.

$$\frac{360 \times 20 \times 40}{150 \times 90} = 21\tfrac{3}{4} \text{ tours par minute.}$$

Si le tambour fait 300 tours par minute avec un pignon de 18 dents ; la roue de torsion ayant 130 dents ; le pignon de rechange, 28 dents ; et la roue de l'étireur, 100 dents, quelle sera la vitesse de ce dernier ?

$$\frac{300 \times 18 \times 28}{130 \times 100} = 11\tfrac{6}{10} \text{ tours par minute.}$$

Pour trouver combien d'échevettes chaque broche produira en 12 heures de travail, il faut tenir largement compte du raccourcissement par la torsion, le démontage et le déchet. D'abord, la torsion fait perdre 8 pour cent, c'est-à-dire, que pour le filage des numéros moyens, la perte causée par la torsion, les déchets et les arrêts est de 12 à 15 pour cent.

Il y a deux manières de trouver la quantité de fil produit par chaque broche en 12 heures. La première consiste à réduire les heures en minutes, et à prendre pour diviseur les pouces et les yards contenus dans une échevette. La seconde manière est très simple ; le calcul se fait avec peu de chiffres, et le résultat est d'une exactitude suffisante pour toutes les applications pratiques.

1re *Règle.* — Multipliez la circonférence de l'étireur par sa vitesse, et le produit ainsi obtenu, d'abord, par 60 (minutes), et ensuite par 12 (heures). On aura ainsi la quantité en pouces de fil produit, en divisant par 36 et par 300 on aura le nombre d'échevettes filées en une heure.

Exemple. — Combien chaque broche d'un métier à filer produira-t-elle d'échevettes, l'étireur faisant 21 tours $\frac{6}{10}$ par minute, la circonférence du même étant de 7 pouces ?

$$\frac{21,6 \times 7 \times 60 \times 12}{36 \times 300} = 10,08 \text{ échevettes par broche.}$$

2me *Règle.* — Multipliez la vitesse par deux fois le diamètre, et retranchez un chiffre sur la droite.

Exemple. — Si un étireur fait $11\frac{6}{10}$ tours par minute, son diamètre étant de 2 pouces $\frac{1}{4}$, combien d'échevettes produira-t-il en 12 heures ?

```
 11,6
  4,5
 ----
  580
 464
 ----
 5,22 échevettes par broche.
```

Combien d'échevettes un métier à filer produira-t-il par broche, l'étireur ayant un diamètre de 2 pouces $\frac{1}{2}$, et faisant 26 tours par minute ?

26
5 deux fois le diamètre.
13,0 = 13 échevettes en 12 heures.

En supposant qu'un métier ait 120 broches, et produise 13 échevettes par broche, on aura :

13 × 120 = 1560 ÷ 200 = 7,160 ; d'où il résulte que 120 broches produiraient en 12 heures 7 bundles et 16 hanks de fil, déduction du déchet et des arrêts non compris.

Tours.	$1\frac{1}{4}$	$1\frac{1}{2}$	$1\frac{3}{4}$	2	$2\frac{1}{4}$	$2\frac{1}{2}$	$2\frac{3}{4}$	3
12....	3,0	3,6	4,2	4,8	5,4	6	6,6	7,2
14....	3,5	4,2	4,9	5,6	6,3	7	7,7	8,4
16....	4,0	4,8	5,6	6,4	7,2	8	8,8	9,6
18....	4,5	5,4	6,3	7,2	8,1	9	9,9	10,8
20....	5,0	6,0	7,0	8,0	9,0	10	11,0	12,0
22....	5,5	6,6	7,7	8,8	9,9	11	12,1	13,2
24....	6,0	7,2	8,4	9,6	10,8	12	13,2	14,4
26....	6,5	7,8	9,1	10,4	11,7	13	14,3	15,6
28....	7,0	8,4	9,8	11,2	12,6	14	15,4	16,8
30....	7,5	9,0	10,5	12,0	13,5	15	16,5	18,0
32....	8,0	9,6	11,2	12,8	14,4	16	17,6	19,2
34....	8,5	10,2	12,0	13,6	15,3	17	18,7	20,4
36....	9,0	10,8	12,6	14,4	16,2	18	19,8	21,6
38....	9,5	11,4	13,3	15,2	17,1	19	20,9	22,8
40....	10,0	12,0	14,0	16,0	18,0	20	22,0	24,0

Trouver combien de broches de filature seront alimentées par une broche du banc-à-broches.

Règle. — Multipliez la vitesse de l'étireur du banc-à-broches par son diamètre, et le produit ainsi obtenu par l'étirage de filature. Divisez ce deuxième produit par la vitesse du cylindre-étireur du métier à filer, multipliée par son diamètre. Le quotient donnera le nombre de broches devant être alimentées au métier à filer par une broche du banc-à-broches.

Exemple. — Un banc-à-broches a une vitesse de 90 tours par minute, et un diamètre de 2 pouces $\frac{1}{2}$, combien de broches de filature alimentera-t-il, si le cylindre-étireur du métier à filer a 3 pouces de diamètre et une vitesse de 30 tours par minute, l'étirage étant de 8?

$$\frac{90 \times 2\frac{1}{2} \times 8}{30 \times 3} = 20 \text{ broches.}$$

L'étireur d'un banc-à-broches a une vitesse de 120 tours par minute et un diamètre de 3 pouces. Combien de broches de filature alimentera-t-il, si le cylindre-étireur du métier à filer a une vitesse de 36 tours par minute et un diamètre de 2 pouces $\frac{1}{2}$, l'étirage étant de 10 ? (*)

$$\frac{120 \times 3 \times 10}{30 \times 2\frac{1}{2}} = 40 \text{ broches.}$$

(*) Cette quantité varie selon les numéros que l'on prépare, et l'état dans lequel se trouve le banc-à-broches. Aujourd'hui plus que jamais, il faudra toujours avoir le matériel industriel dans un parfait état d'entretien pour obtenir le maximum de la production, afin de pouvoir riposter avantageusement à la concurrence étrangère.

RÈGLE A CALCUL (Anglais).

Trouver l'écartement au métier à filer en changeant de numéro.

Exemple. — Si le numéro 25 demande un écartement de 3 pouces, quel écartement faudra-t-il pour le numéro 100, avec le même étirage et le même cylindre ?

Retournez la coulisse, et mettez le 25 de la coulisse B sur le 3 de la règle D, et sous le 100 de la coulisse B, vous trouverez le $1\frac{1}{2}$ de la règle D, ce qui est l'écartement demandé.

Trouver la crémaillère d'un banc-à-broches en changeant de numéro de mèche.

Supposez un banc-à-broches faisant du numéro 30, avec une crémaillère de 48 dents, combien de dents faudra-t-il pour le numéro 50 ?

Faites glisser la coulisse, et mettez le 30 de la coulisse sur le 48 de la règle D, et sous le 50 de la coulisse C, vous trouverez le 62 de la règle D. — Il faudra une crémaillère de 62 dents.

Trouver la vitesse d'un cylindre commandé par l'arbre moteur au moyen d'une courroie.

Si un arbre fait 100 tours par minute, avec un tambour d'un diamètre de 20 pouces, lequel commande une poulie sur un cylindre de 8 pouces de diamètre, quelle sera la vitesse du cylindre ?

Retournez la coulisse, mettez le 20 de la coulisse C sous le 1 de la règle A; vous trouverez 250 de la coulisse C, vitesse demandée.

Si un levier a 30 pouces de longueur, à partir du point d'appui, et que l'on suspende au bout un poids de 25 livres, quelle sera la pression exercée sur le rouleau, la distance du point d'appui au point de pression étant de 2 pouces?

Faites glisser la coulisse, et mettez le 30 de la coulisse sous le 2 de la coulisse A, et sous le 25 de la règle A se trouve le 375 de la coulisse B. La pression sera de 375 livres.

Si l'on veut obtenir une pression de 375 livres, avec un levier ayant une distance de 2 pouces, entre le point d'appui et le point de pression, à quelle distance du point de pression faut-il suspendre un poids de 25 livres pour produire la pression ci-dessous indiquée ?

Mettez le 25 de la coulisse B sur le 2 de la règle A, et au-dessous du 375 de la coulisse B, vous trouverez le 30 de la règle A, ce qui est la réponse (30 pouces).

Si 117 yards de mèches pèsent 1 once, avec quel étirage faudra-t-il les filer pour produire le numéro 50 ?

Mettez le 117 de la coulisse B sous le 18,8 de la règle A, et au-dessus du 50 de la coulisse B, vous trouverez 8 sur la règle A, étirage demandé.

Si un métier à filer a un pignon de torsion de 60 dents pour le numéro 20, quel pignon faudra-t-il pour le numéro 80 ?

Règle.— Retournez la coulisse, et mettez le 20 de la coulisse B sur le 60 de la règle D, et sous le 80 de la coulisse B vous trouverez le 30 de la règle D. Le pignon à mettre pour le numéro 80 est de 30 dents.

Si le numéro 60 demande une torsion de 17 tours par pouce, quel nombre de tours par pouce faudra-t-il pour le numéro 100 ?

Mettez le 60 de la coulisse C sur le 17 de la règle D, et sous le 100 de la coulisse C vous trouverez sous la règle D 22, torsion demandée.

TABLE DES MATIÈRES.

Typ. Mme Bayart, Lille.

www.ingramcontent.com/pod-product-compliance
Ingram Content Group UK Ltd.
Pitfield, Milton Keynes, MK11 3LW, UK
UKHW021820190726
13853UKWH00003B/1098